AU

PAYS DU RHIN

14095. — PARIS, IMPRIMERIE A. LAHURE
9, rue de Fleurus, 9

AU
PAYS DU RHIN

METZ — HOMBOURG-LES-BAINS
AUTOUR DE HOMBOURG — FRANCFORT
STRASBOURG ET L'ALSACE

PAR

J.-J. WEISS

———

PARIS

G. CHARPENTIER ET Cie, ÉDITEURS

11, RUE DE GRENELLE, 11

—

1886

AVANT-PROPOS

Pendant l'été de 1884 le soin de ma santé m'a conduit dans l'élégante petite ville de Hombourg. J'y étais seul et désœuvré. Je poussais des pointes à Francfort où j'avais de bons amis, et de Francfort sur toute la contrée environnante. En revenant à Paris, je passai par l'Alsace d'où je suis originaire. A Hombourg, à Francfort, en Alsace, je n'ai rien étudié *ex professo;* la cure ne me permettait point l'étude. J'ai écouté les gens, j'ai regardé les choses; des observations se sont imposées à moi pendant que je regardais et que j'écoutais; je me suis amusé à les transcrire sur le papier, je les ai communiquées au *Journal des Débats;* elles ont paru neuves au public français qui aurait tant d'intérêt à bien connaître l'Allemagne et à la bien juger, et qu'on met si peu à même de le faire. J'ai été souvent sollicité de réunir en volume mes notes d'Allemagne et d'Alsace. Je m'y décide aujourd'hui. Je parle en courant; mais ce n'est pas en courant que j'ai vu l'Allemagne. J'ai été élevé dans le commerce assidu de ses poètes. Ma jeunesse s'est nourrie de Goethe. Avant et depuis 1870, je l'ai souvent visitée, non avec le dessein prémédité d'en parler et d'en écrire, mais simplement pour en jouir, ce qui est encore, tout pesé tout compté, le meilleur moyen de bien sentir « les mœurs des hommes et des villes », comme dit le vieil Homère, et de les faire sentir en leur vérité si l'on s'avise de les raconter aux autres. On pourra relever plus d'une inexactitude dans ces chapitres épars sur les choses d'Allemagne, on n'y relèvera pas, j'ose le croire, d'impression fausse ni d'erreur capitale d'appréciation. Depuis 1870 les écrivains français qui se sont occupés de l'Allemagne n'ont guère donné au public que des pamphlets qui sont jusqu'à présent notre seule et médiocre revanche, ou, ce qui vaut encore moins que des pamphlets, des apologies peu réfléchies. Celles-ci, malheureusement, venaient d'hommes autorisés par leur situation, et tout inconsidérées qu'elles fussent, elles n'en ont pas moins exercé chez nous, en des provinces importantes de la chose publique, sur nos institutions scolaires par exemple, et sur la réorganisation de l'armée, une influence qui n'a pas toujours été saine. On ne trouvera dans le volume que je livre au public aucune intention de pamphlet ou d'apologie; j'y parle de l'Allemagne avec estime, mais sans prévention en sa faveur; surtout je me garde de découvrir et de louer chez elle ce qui n'y est pas.

C'est par ce dernier trait que mon livre peut avoir quelque prix pour le lecteur français. Je ne parle que de ce que j'ai vu de mes yeux, et de mes yeux je n'ai pas vu en Allemagne, je n'ai pas vu en particulier dans l'école allemande et dans l'armée allemande, beaucoup des choses que paraissent y avoir découvertes ceux de mes compatriotes qui se sont trouvés en possession, de 1870 à 1873, d'inspirer la réforme de nos études et la réforme de notre armée. A imiter une Allemagne que je ne connais pas et qui n'existe pas, on n'a point réparé la France, on a continué de l'abîmer. Je discerne bien qu'avec la fausse imitation de l'Allemagne on a ébranlé le régiment français et détruit chez lui l'esprit régimentaire; nous a-t-on réellement donné en retour le corps d'armée allemand? On a dépensé l'argent sans compter, on a fait appel à un nombreux personnel, pour que nous ayons des universités à l'instar de celles de l'Allemagne. On a par suite de plus en plus négligé, de plus en plus épuisé l'enseignement secondaire classique; on finira par ruiner l'admirable création de Fontanes, Rendu, Royer-Collard et Cuvier, le collège royal, le lycée consacré aux humanités qui a été longtemps notre orgueil. A-t-on réussi à nous donner quelque chose comme l'université allemande? Pourrait-on même en Allemagne créer aujourd'hui *de integro* des organismes universitaires, si ce type de haute culture n'était pas une œuvre préexistante des siècles et de l'histoire? On a instauré chez nous l'école primaire gratuite, obligatoire et laïque. On a élevé des palais primaires coûte que coûte, sous prétexte qu'ainsi on fait en Prusse, Bavière, Suisse, Saxe et autres lieux; mais l'obligation scolaire en France, avec la gratuité absolue et au besoin des distributions aux écoliers, avec les programmes surchargés, les heures de classe accumulées, les *féries* très rares, avec la chasse forcenée au certificat pour les élèves, au brevet pour les maîtres, avec l'omission méthodique du fait social positif de la religion, ressemblet-elle autant qu'on croit à l'obligation scolaire en Allemagne? C'est toujours l'obligation scolaire sans doute. L'arsenic aussi, — je cherche à faire ressortir ma pensée par une image, non à établir une équation, — l'arsenic aussi, employé à des doses différentes, tantôt remède, tantôt poison, tantôt stimulant, c'est toujours l'arsenic. Est-ce cependant toujours la même chose? On va nous doter bientôt du collège réel comme il y a en Allemagne le *Realgymnasium*. Dans la commission chargée de préparer cette nouvelle œuvre scolaire, M. Goblet, avec une grande décision de bon sens, a introduit, outre des gens d'école et de théorie pédagogique, des industriels, des commerçants notables, des fonctionnaires de divers ordres. J'ai peur, étant données les pentes de l'esprit français et particulièrement de l'esprit scolaire français, que la sage précaution prise par M. Goblet n'ait pas tout l'effet qu'on en devrait attendre. Déjà, d'après les bruits qui courent, on peut craindre que la commission chargée de préparer l'établissement de l'école réelle en France ne se soit bornée à inventer une nouvelle forme au moins contestable de haute école, le collège d'humanités, le collège de théorie littéraire et scientifique, moins les langues anciennes. On peut craindre surtout

1.

que le collège réel français ne soit monotone;
qu'il n'offre le même plan et la même durée
d'études pour tous les états de la vie et pour
toutes les villes, pour le port de mer et pour la
manufacture, pour la ville populeuse et pour la
ville de rentiers. Si les choses tournent ainsi, vous
verrez, qu'en cette uniformité, on ne se vantera
pas moins de nous avoir mis en mesure de rivaliser avec l'école réelle allemande, dont il existe
quatre ou cinq types gradués. Sur ce chapitre de
l'instruction, la différence chaque jour plus accu-
sée entre l'Allemagne et la France qui croit imiter le modèle allemand, c'est qu'en France, depuis
qu'on y est devenu insatiable d'instruction publique et qu'on y fait de l'instruction publique tapa-
geuse, c'est-à-dire depuis le ministère Duruy, on
accable, on submerge les esprits et les cerveaux,
on ne ménage ni l'âge, ni le sexe, on ne regarde
ni à la condition, ni à l'état de fortune; on instruit
pour instruire sans aucune visée d'adaptation. Il
suffit au contraire de lire les belles circulaires
adressées aux chefs d'établissement en 1882 par
le ministre de l'instruction publique du royaume
de Prusse pour reconnaître qu'il y a une vérité
capitale que la pédagogie allemande a toujours
devant l'esprit, c'est qu'il existe des inconvénients, des vices et des maladies possibles de

l'école; c'est que, si l'instruction appropriée est pour les individus et les États un bienfait inappréciable, l'instruction déréglée peut devenir bien vite la pire des pestes.

Je ne m'interdis pas d'admirer l'Allemagne d'à présent. Je ne l'admire pas plus que la France considérée dans la suite de son développement, de ses œuvres et de ses institutions. Regardée sous un angle qui ne se restreigne pas aux quatre ou cinq derniers lustres de son histoire et supposée fidèle à son génie propre, je ne me persuade point que la France soit substantiellement inférieure à l'Allemagne. Même en matière d'école, nous avons su faire mieux qu'elle. J'envie sans doute au peuple qui les possède, ses universités autonomes et indépendantes les unes des autres. J'envie ces organismes souples et libres en leur belle ordonnance, qui sont autant de véritables Instituts, mais des Instituts qui enseignent, Instituts de vie, de sélection indéfinie, de réflexion active et de diffusion. Cependant, quand de l'université allemande je passe au gymnase allemand, quand je compare le gymnase allemand à notre lycée de première classe d'avant 1851, la comparaison ne tourne pas, ce me semble, à notre détriment. Le gymnase n'a qu'un but et ne réalise qu'un effet, le dressage de la

jeunesse; le lycée français d'autrefois en était
l'éducation. Le gymnase est un engin à munir
grosso modo la masse, le lycée était un instrument de haute culture pour l'élite du pays.

On peut faire sur le soldat allemand des
réflexions du même genre; je ne sais si même
à l'heure actuelle le soldat territorial français
n'a pas meilleur aspect que le *landwehrmann*.
A plus forte raison il est permis de continuer
à douter de la supériorité intrinsèque du jeune
soldat allemand sur le vieux soldat de nos anciennes armées, le commandement étant censé
d'égale valeur d'un côté et de l'autre. Pendant
l'automne de 1883, j'ai assisté à la parade du
XIe corps d'armée allemand à Nieder-Eschbach
dans la Hesse. C'était la *Kaiserparade*. Le premier militaire de l'Europe, le premier par l'an-
cienneté et l'exactitude dans le service, par
l'amour et les vertus du métier, l'empereur Guillaume Ier, alors âgé de quatre-vingt-six ans, présidait la cérémonie. Il y avait là à vue d'œil plus de
quarante mille hommes. Les troupes s'étaient rangées pour la revue sur deux lignes; l'infanterie
formant la première ligne, avec l'école des sous-
officiers de Biberich et le régiment d'artillerie à
pied numéro 3 de Brandebourg, appelé à se joindre extraordinairement pour la circonstance au

XIe corps; la cavalerie formant la seconde ligne
avec une brigade d'artillerie de campagne et
le train; en tout, trois régiments d'artillerie,
treize d'infanterie, six de cavalerie, dont trois de
dragons, deux de hussards, un de uhlans. Quand
vint le moment du défilé, les troupes passèrent
deux fois devant le vieil empereur, d'abord en
colonne par compagnies, par batteries et par
demi-escadrons, ensuite en colonne par régiments
et par escadrons. Rien de plus superbe. C'était
un spectacle guerrier à faire descendre Bellone
de son Olympe et Odin de son Walhalla. Je regardais haletant. Tout à coup une poussée de mémoire et un éveil d'imagination remirent devant
mes yeux un de nos régiments africains du temps
de Louis-Philippe; tambours battant, il venait
reprendre possession de la rue parisienne quelques jours avant l'explosion des journées de
juin 1848. Ma vision distincte me rendait jusqu'au numéro du régiment, le 2e de ligne, colonel Buttafoco. Tenue de route, la gamelle collée
au sac, les deux pans de la capote relevés, la
guêtre blanche, le drapeau dans l'étui, la casquette rouge d'Afrique brillant au soleil; c'était
d'une moindre gravité militaire, c'était plus
lâché et plus troupier que le corps d'armée hessois que je voyais en ce moment des yeux du

corps défilant devant l'empereur allemand. Ce n'était pas moins martial, ce n'était pas à un moindre degré la force consciente d'elle-même, s'avançant paisible, et devant soi, faisant marcher la terreur.

Beaucoup de choses d'ailleurs fleurissent en Allemagne qui ne sont que de vieilles choses françaises que nous avons laissées tomber en désuétude. Nous aussi, nous avons eu nos écoles de cadets. Nous aussi, nous avons eu le soldat *avantageur*; dans les armées de Louis XIV il s'appelait le « volontaire ». Nous aussi, nous avons eu le sous-officier de métier que l'Allemagne fait tant d'efforts en ce moment pour se donner; nous l'avions à notre manière, qui n'est pas la manière allemande. Nous n'avions qu'à ne pas le laisser disparaître à jamais et à ne pas le détruire de nos mains ce type achevé de probité militaire, le sergent de grenadiers et de voltigeurs, à trois chevrons, chevalier de la Légion d'honneur, sobre, patient, désintéressé, sans peur et sans reproche, pierre angulaire des vieux régiments du pays de France. La France pendant deux siècles a plus prêté à l'Allemagne qu'elle n'aurait besoin aujourd'hui de lui emprunter. Trois grands Allemands (sans compter les volontaires de 92 et Napoléon Ier), trois grands

Allemands, Luther, Frédéric et Gœthe, ont préparé l'unité allemande en créant au peuple allemand une consience nationale; ils ont jeté les bases et construit les premières assises de l'édifice qu'a couronné M. de Bismarck. Deux d'entre eux, Frédéric et Gœthe, étaient tout imprégnés d'esprit français. Venu après eux et aussi grand qu'eux, M. de Bismarck n'a eu sans doute que de la haine pour nous. C'est tout rempli du mépris de nos œuvres qu'il est entré chez nous en 1870; mais il ne serait pas difficile de démontrer qu'il est retourné chez lui fortement frappé de ce que j'appellerai les modes et manières de France. De lui aussi on peut dire *Græcia capta ferum victorem cepit.* Il y a au moins deux choses françaises qui ne l'ont que trop pris et séduit : nos lois organiques sur l'exercice des cultes et notre régie des tabacs.

C'est au surplus la trace directe de la France que j'ai rencontrée plus d'une fois dans le coin d'Allemagne dont traite ce livre, et c'est pourquoi ce livre écrit sur l'Allemagne et en Allemagne reflète en tous ses chapitres l'image de la France. A Metz, par où j'ai commencé ma promenade, en Alsace par où je l'ai finie, j'ai rencontré la France elle-même encore toute palpitante. Il était difficile à un Français d'observer froidement, en l'état où ils sont quinze ans après la conquête, le pays Messin, Strasbourg et l'Alsace. J'ai essayé de le faire. Je n'ai rien écrit qui puisse décourager nos anciens compatriotes de la généreuse douleur où ils s'obstinent; on ne pouvait l'attendre d'un fils dévoué de la France qui s'honore d'avoir été le dernier collaborateur de Gambetta. Je n'ai rien écrit non plus qui puisse entretenir chez eux des espérances que l'événement n'a cessé de tromper, on ne l'attend pas d'un homme de bon sens et de bonne foi.

Dès le lendemain de la signature des préliminaires de Versailles nous nous sommes mis à crier : « Revanche! Revanche! » C'était un peu tôt. Peut-être donnions-nous aux autres nations une assez fâcheuse idée de nous-mêmes en promettant de recommencer la guerre quand nous venions de demander qu'à tout prix on nous en épargnât la continuation. Peut-être aurions-nous dû être avertis de contenir notre clameur, peut-être aurions-nous dû sentir combien cette clameur était vaine en voyant qu'elle n'empêchait pas le vainqueur de conclure avec nous le traité que nous jurions si bruyamment de violer au moment même de le signer. Depuis, des occasions de revanche auraient pu naître ou sont nées en effet; nous n'avons été prêts ni pour les faire naître, ni pour les saisir. Le grand homme qui gouverne l'Allemagne a toujours été prêt, lui, pour les écarter. L'Alsace-Lorraine, à laquelle les divers gouvernements français n'ont jamais pensé que par boutades, a été sa pensée fixe. Il laissait croire, il laissait se répandre de temps à autre le bruit qu'il préparait une nouvelle attaque contre nous, qu'il méditait de nouvelles acquisitions à nos dépens. En réalité, il ne nourrissait dans le secret de son génie d'autre pensée que de rendre impossible tout mouvement de notre part en Europe. Pour mieux se garantir la possession de l'Alsace-Lorraine et à moins de frais, pour enchaîner plus sûrement notre politique, il a eu visiblement recours à une combinaison originale et délicate, où déjà Napoléon Ier, Nicolas de Russie et Metternich s'étaient essayés, où lui seul a excellé; il s'est attaché à devenir par des moyens détournés le ministre des affaires étrangères réel de tout pays dont il pourrait avoir besoin; il y a réussi en trois ou quatre États de l'Europe, successivement et au moment opportun, et tout son manège, en ces divers postes qu'il a, on peut le dire, moralement occupés, tous ses artifices, toute sa force de réflexion, toute sa vigilance ont été tournés vers un seul et même dessein exclusivement conservatoire : la

tranquille gestion par l'Allemagne et la consolida-
tion des biens acquis. Jamais d'ailleurs sa politique
n'a été plus souple, plus alerte, plus en éveil que
durant ces quinze dernières années. Ce que M. de
Bismarck a fait de plus difficile, ce n'est pas
d'avoir conçu, proposé et mené à bien ses deux
guerres foudroyantes d'avant 1871 ; c'est d'avoir
depuis 1871 maintenu pendant quinze ans la paix
de l'Europe occidentale dans une situation inter-
nationale qui ne la comportait pas pour plus de
cinq ans. Ce n'est pas de nous avoir enlevé Metz,
Strasbourg et l'Alsace, c'est de les avoir gardés.
Pour nous, livrés à nos dissensions et à nos diva-
gations, en proie à des haines civiles d'autant plus
violentes qu'elles sont factices, conservateurs
sans intelligence du conservatisme, radicaux
sans hardiesse de radicalisme, aujourd'hui anti-
catholiques et demain antisémites, peuple de
révolutionnaires et de décorés, nous avons bien
toujours des pensées et des nécessités de revanche ; mais c'est désormais les uns contre les
autres.

AU PAYS DU RHIN

CHAPITRE PREMIER

De Paris à Hombourg. — Un dimanche à Metz.

Kennst du das Land? Dahin! — Dahin! Connais-tu le pays des jolies valses dans les casinos, des épaisses forêts sur la montagne, des beaux escadrons sur l'*Exercierplatz?* Connais-tu le pays où il pousse de partout, plus serrés que les épis dans un champ, des casques à pointe, des hussards, des dragons, des chevau-légers, des *infanteristes* et des *Leibgrenadiere?* Connais-tu le pays à qui nous devons Luther, Leibnitz, Goethe, Hegel, Marguerite, Mignon, Lenore, Antonia, l'imprimerie et l'ordonnance sur trois rangs? Connais-tu le pays où l'oie est encore un plat de festin; où l'on accommode le sanglier aux confitures; où le militaire porte lunettes, comme chez nous les notaires; où les notaires, les professeurs, les étudiants en philologie, les receveurs des contributions ont la joue coupée de balafres et le nez semé d'entailles; où la femme aux doigts effilés, qui vient de mettre ses gants de soirée, les appelle des « souliers pour mains »? *Dahin! Dahin!...* Lecteur, viens-y avec moi. Nous irons vite; nous n'aurons le temps de voir que les superficies; elles laissent quelquefois deviner le fond.

Paris, gare de l'Est.

On va monter en wagon. Je veux me munir, avant le départ, d'un de ces ouvrages portatifs, à l'usage spécial des voyageurs, qu'on appelle « Guides de la conversation ». Ce sont des dialogues composés en deux langues ; ils comprennent la plupart des phrases qu'un touriste aura l'occasion de prononcer, et les noms des objets usuels dans la langue du pays où il se propose d'aller. Je demande, à l'une des librairies de la gare, un volume qui a pour titre : *Dialogues français-allemands.* — La marchande me dit : « Je tiens des dialogues français-anglais ». Je vérifie. En effet, elle en tient. — La marchande ajoute : « Je tiens aussi des dialogues français-italiens ». Je regarde son étalage. En effet, elle en tient. — La marchande conclut : « Mais je ne tiens pas de dialogues français-allemands. » Je cherche ; elle cherche. En effet, elle n'en tient pas.... « Si pourtant les dialogues français-italiens pouvaient suffire à Monsieur ?.... » N'est-ce pas un détail admirable !

Multipliez ce détail par cent, par mille, par dix mille ; supposez qu'il se répète dans vingt domaines divers ; vous aurez, non pas toute l'explication, mais une explication des foudroyants désastres de 1870.

Metz.

« Metz! Metz! » crie, en prononçant le *t* dur, la voix rauque du chef de train allemand. Je descends au *Grand Hôtel de Metz;* l'hôte me parle allemand. Je me rends à l'Esplanade; à l'extrémité nord-est, [formant l'angle de la place Royale et de la rue de l'Esplanade, s'élève en contre-haut une vaste et belle brasserie avec jardin; elle porte pour enseigne, elle déploie sur sa façade en lettres énormes le mot : *Germania;* à l'extrémité sud-est, sur le bord du mur d'escarpe, se dresse un élégant pavillon de bois servant de café; des officiers occupent la plupart des tables de la terrasse. Une famille de voyageurs français arrive et prend place; à la mine, ce sont de petits bourgeois, venus sans doute par train de plaisir ou avec des billets circulaires à prix réduits; il y a le petit et la bonne. Le petit crie; le père aussi. Le père, un jeune homme de vingt-sept ans, se démène avec des gestes comiques. Il adjure le garçon de café d'apporter du pain et du beurre. Le garçon ouvre des yeux plus grands que la porte Serpenoise, et il n'apporte rien. La jeune femme, à son tour, l'interpelle : « On vous demande du beurre et du pain; est-ce que vous êtes sourd? » Il n'est pas sourd, il est Allemand. Même dans ce café, pas un garçon qui comprenne le français! Je suis obligé d'intervenir pour tirer d'embarras ma gentille compatriote. *Kellner, geben sie Butterbrod.* Cependant, j'ouvre mon *Bædeker, Rheinlande* 1883. Il m'apprend que Metz contient 53 000 habitants, non compris la garnison, qui est de 16 000 hommes et plus, et que sur ces 53 000 habitants il y a un quart et plus d'immigrés allemands. 53 000 habitants et 16 000 hommes de garnison, cela fait, au total, chiffres ronds, 70 000 âmes. Sur ce chiffre de 70 000 il y a, nous venons de le voir, en population civile,

13 500 ou 14 000 natifs allemands, en population militaire, 16 000; total, 30 000 habitants ou résidants allemands sur 70 000. Metz ne compte donc plus guère que 1 Français sur 2 habitants, ou pas tout à fait 2 Français sur 3[1].

L'esplanade est morne. Metz n'a jamais été une ville d'aspect bien riant, même du « temps français », puisque cette expression, navrante pour une oreille française, « le temps français », est devenue maintenant lo-

---

1. Les chiffres de Bædeker (édition de 1883) sont les chiffres du recensement de 1880. Encore m'assure-t-on que Bædeker ne les cite pas exactement ou du moins qu'il a eu tort de ne pas comprendre la garnison de 16 000 hommes dans son total de 53 000 habitants. Vers juin 1884, la garnison (Metz et forts détachés) était non de 16 000 hommes, mais de 19 000; la population civile était de 45 000 âmes, dont 40 000 de population fixe et 5 000 de population flottante. Population totale civile et militaire, 64 000 âmes. Sur ce total, d'après les renseignements qui m'ont été communiqués par un Messin, il n'y avait plus en 1884 que 26 000 personnes ayant ou ayant eu la nationalité française avant 1870. Déjà donc en 1884 la proportion des Français était encore plus faible que Bædeker ne nous l'a fait dire.

cution habituelle dans le langage de l'Alsace-Lorraine. Metz semblait un grand Montmédy ou un grand Mézières. Jugez ce que c'est aujourd'hui. L'Allemand, réservé et sérieux sous l'uniforme, voire un peu raide, ne répand pas autour de lui l'animation et le mouvement. Il semble qu'il règne sur l'esplanade une immobilité de mort, malgré le va-et-vient incessant des dragons du Hanovre, de la Prusse orientale, du Slesvig-Holstein, des fantassins rhénans, bavarois, brunswickois, des artilleurs, des pionniers, des employés militaires. Sur un banc au bord du mur d'escarpe, je vois quatre ou cinq vieillards, qui contemplent le paysage martial dominé par la forteresse Saint-Quentin et embelli par le cours de la Moselle. Des ombres de son qui s'échappent de temps à autre de leurs lèvres appartiennent à notre langue. Leurs yeux se perdent vaguement à l'horizon par-dessus les forts Frédéric-Charles et Manstein. On dirait qu'ils cherchent s'il ne va pas venir quelque chose de l'Ouest. Quinze ans sont écoulés, et il n'est rien venu.

Il y a musique militaire sur l'esplanade. La musique appartient à un régiment rhénan. Elle joue un pot-pourri des *Cloches de Corneville*, à moins que ce ne soit de la *Mascotte*. Je gage tout ce qu'on voudra qu'à Hombourg, au charmant théâtre du *Kurhaus*, j'entendrai le *Postillon de Lonjumeau* et qu'au moins deux fois la semaine, dans le *Kurgarten*, l'habile et savant chef d'orchestre, M. Gustave Tœmlich, régalera mes oreilles de toutes les romances d'Auber qu'elles ont depuis longtemps oubliées. A Paris, Wagner fait rage, et en Allemagne les flonflons de Lecoq. Cette musique militaire rhénane est d'ailleurs excellente, un peu par ses solistes et beaucoup par l'ensemble. J'en fais la remarque une fois pour toutes : la moyenne allemande, en toute matière, est une moyenne supérieure.

Je ne sais si l'esplanade se partage par une convention tacite en allées pour les Français et en allées pour les Allemands. Il est deux allées où le militaire se porte plus spécialement. Des soldats, des soldats et encore des soldats. Ils sont de toute arme et de tout uniforme. Metz en est bondé. J'en suis fâché pour les fournisseurs et confectionneurs de l'armée française : le soldat allemand est à la fois plus étoffé et plus aisé dans son uniforme que le soldat français ; il y a l'air plus habillé, il y a meilleure mine sans comparaison possible. Comme je n'en suis pas encore à admettre que notre petit Landais et notre solide Bourguignon soient naturellement moins dégagés qu'un Palatin ou un Hessois, comme je ne reconnais pas non plus que notre capote grise et notre petite tenue en veste soient par elles-mêmes d'un moindre effet militaire que la tunique allemande, à quoi faut-il s'en prendre de l'infériorité visible qu'offre l'aspect du soldat français sous l'uniforme ? Manifestement à la qualité de la coupe et à la qualité de l'étoffe, aux fournisseurs et à l'administration militaire.

Des officiers se promènent ou sont assis sur les chaises de l'esplanade avec leurs familles. La tenue de l'officier allemand est d'une élégance et d'une simplicité irréprochables. L'extérieur, le ton, les gestes donnent l'idée du parfait gentleman. L'officier allemand, pour peu qu'il coure vers ses trente ans et qu'il ait atteint le grade de capitaine, a la démarche grave et pleine de respectabilité qui caractérise chez nous le magistrat. Il circule parmi les soldats avec le port d'un dieu. Habituellement, quand il n'a pas une dame au bras, il est en compagnie d'autres officiers. Il n'affecte pourtant pas d'aparté absolu à l'égard du civil. Il me paraît, à vue d'esplanade, que tout ce qu'on débite chez nous, et même en Allemagne, sur l'esprit de caste de l'officier allemand, est un peu exagéré. Il n'a point l'air de morgue envers ses subordonnés; il n'est point superbe avec le « pékin », comme je viens encore de le lire dans la *Frankfurter Zeitung*. Il peut être sévère et dur dans le service ; il peut être à la caserne et sur l'*Exercierplatz* tout autre qu'il n'apparaît à la ville. C'est ce que je ne sais pas et, par conséquent, je n'en parle pas. Dans ces notes sincères, que j'écris au courant de la plume, je dis ce que je vois et je ne dis que ce que je vois ; je le dis sans prétendre en tirer aucune conséquence, comme sans m'astreindre à flatter aucun préjugé ni aucune illusion. La dureté de la discipline prussienne et la hauteur insupportable de l'officier prussien sont des assertions qu'on accepte pour dogmes dans presque toute l'Europe. Pour moi, chaque fois que j'erre à l'aventure dans une ville de garnison en Allemagne, chaque fois que dans un lieu public, à la promenade, au théâtre, après la parade, au *Zoologischer Garten*, je vois le général parler au second lieutenant, le capitaine au porte-épée, au sous-officier, au volontaire d'un an, le porte-épée au simple *Gefreite*, ce qui me frappe, c'est le ton de douceur et d'extrême courtoisie que prend et garde généralement le supérieur avec l'inférieur.

Je suis resté à Metz jusqu'au dimanche. J'avais déjà vu deux fois, en de précédents voyages, et j'ai voulu voir une fois de plus un spectacle qui est d'une haute curiosité : la messe de la garnison à la cathédrale. Il est environ huit heures du matin. Les Bavarois, en grande tenue, le casque à chenille en tête, sans armes, si ce n'est le briquet, arrivent en colonne sur la place d'armes où s'élève la statue de Fabert. Là, ils rompent les rangs, entrent dans la cathédrale et s'y placent à volonté. Avec eux, quelques soldats portant l'uniforme prussien, mais relativement en petit nombre; plusieurs employés militaires, appartenant au service de la garnison ou à celui de la forteresse. L'assistance soldatesque, en rangs de chaises serrés, remplit les trois quarts de la vaste nef. La tenue de quelques-uns est dévote; la tenue de tous, sérieuse. Beaucoup de soldats bavarois ont leur livre de messe à la main. Le prêtre sort de la sacristie et monte à l'autel, escorté de deux simples soldats qui portent chacun un long cierge allumé. Ceux-ci se placent sur les marches de l'autel, derrière l'officiant; ils s'y tiennent, immobiles, dans une attitude respectueuse, pendant toute la durée du service divin. A droite du prêtre, dans un coin de l'église, d'autres soldats sont rangés en cercle, autour d'un gradé qui m'a paru être un sous-chef de musique; ils chantent les diverses phases de la messe.

A un certain moment, le prêtre monte en chaire. Il adresse à ses ouailles une admonestation d'une durée d'environ vingt minutes. Quoique mon oreille ne soit pas assez habituée à la langue allemande pour entendre la suite de toute une oraison, débitée en cette langue du haut de la chaire, j'attrape toujours bien quelques mots signalétiques et quelques lambeaux de phrase qui sont points de repère. J'ai devant moi un véritable prédicateur, original, et qui prêche un évangile approprié à son auditoire. L'accent de la voix est expressif; le geste, impétueux. Avec un peu de bonne volonté, je pourrais me figurer que j'entends le sermon du capucin dans le *Camp de Wallenstein*. Je saisis les mots de *Trunk*, de *Spiel*, de *Kartenspiel*, de *Kirche*. Le prédicateur explique sagement à ses ouailles que c'est fort bien de venir à la messe; que ce n'est pas tout; qu'il faudrait aussi quitter à temps la brasserie et la *Weinstube*; que le premier devoir d'un bon soldat n'est pas d'exceller au bésigue, à l'écarté, à la drogue. Les plus jeunes d'entre les soldats présents sourient de l'onctueuse mercuriale; il paraît qu'elle touche juste. Je saisis encore les mots de *Baiern*, de *Braunschweig*, de *Deutschland*, de *Kaiser*, qui tombent avec une assonance énergique de la bouche du prédicateur. Dois-je supposer là-dessus que, malgré l'unité allemande, la tunique bleue de Bavière et la casaque à brandebourgs noirs de Brunswick ne font pas toujours bon ménage dans les brasseries de la ville conquise? Le prêtre, sans doute, leur enseigne que Bavière et Brunswick ne sont plus que des expressions géographiques, et que, quelle que soit la couleur de l'uniforme, tous les soldats de l'armée allemande sont camarades sous le commandement de leurs chefs. Bavière entendra-t-elle raison? Mais quel sermon positif, objectif, adapté! Un de nos jeunes séminaristes français n'aurait pas perdu cette occasion d'un millier de soldats, réunis au pied de sa chaire, pour leur expliquer les beautés et les mérites de saint Michel archange. Le prêtre catholique allemand leur prêche Dieu, l'Allemagne, la fraternité des armes et la tempérance.

Pendant que je fais à part moi cette réflexion, le prêtre descend de chaire. Le prône et la messe sont finis. Le maître de chapelle improvisé, à la droite de l'autel, entonne un hymne sacré avec ses choristes militaires. Le prêtre rentre à la sacristie, suivi, comme en

3.

sortant, de ses deux plantons d'honneur, armés d'un cierge. Sur la place Fabert, et devant le portail principal de la cathédrale, les Bavarois se rangent en bataille sur quatre rangs. Puis ils se forment en deux colonnes, qui regagnent chacune son quartier en bon ordre.

Le prêtre qui a si bien parlé, selon toutes les règles de la rhétorique, de la logique et de l'éthique, n'est pas du diocèse. Il est prêtre du XVe corps d'armée, 30e division. La 30e division, qui occupe, avec la 30e brigade de cavalerie, Metz et Thionville, ne possède pas moins de huit ecclésiastiques pour son service religieux, quatre prêtres de division (*Divisions-pfarrer*) protestants et quatre catholiques. Je raconte, je décris, j'énumère. Je ne me permets de formuler aucune espèce de jugement sur l'institution des *Divisionspfarrer*. Souvent, ce qui n'a pas d'inconvénient au delà des Pyrénées ou des Vosges en offre en deçà. Je remarque seulement que, quand les di-

verses communions religieuses et le gouvernement, dans un Etat; la religion et le commandement, dans une armée, marchent d'ac-
cord, le résultat n'est pas du tout mauvais.
C'est à Coutras, si je me souviens bien, que
les huguenots se mirent à genoux avant la
bataille, puis se relevant, entonnèrent le
psaume :

> La voici l'heureuse journée
> Où Dieu couronne ses élus!

« Ils ont peur, dit Joyeuse. » — « Ne vous y
trompez pas, répliqua un de ses officiers,
quand les huguenots disent leurs litanies,
c'est qu'ils ont envie de se bien battre. »

Je prends une voiture afin de parcourir la
ville.

A la devanture des magasins français, pape-
tiers, libraires, et autres semblables, j'aperçois des portraits, gravés ou en photographie,
de M. le comte de Paris. Il y a trois ans, je
n'en ai pas vu un seul.

C'est par le cimetière militaire de la porte

Chambière que j'ai terminé ma rapide visite
de Metz. Là sont ensevelis les officiers, sous-
officiers et soldats français morts au champ
d'honneur dans les batailles sous Metz. Un
poète comme Marie-Joseph Chénier, qui a
écrit la *Promenade* et transposé admirablement dans notre langue l'élégie de Gray, le
Cimetière du village, pourrait seul rendre
l'expression de mélancolie héroïque qu'on
éprouve, après quinze ans, en foulant les restes
de ceux qui sont tombés là-bas pour le doux
nom de France.

Que doulce France par nous ne soit honnie!

Plusieurs ont une tombe individuelle qu'ils
doivent à la piété de leurs familles ; d'autres,
une tombe régimentaire commune. Il y a des
tombes allemandes entremêlées aux tombes
françaises. Vainqueurs et vaincus gisent côte
à côte dans la paix éternelle, après avoir été
frappés dans le même combat et soignés dans
la même ambulance; ici, un jeune homme,

originaire de la Meurthe, caporal au 55ᵉ, blessé à Gravelotte, et là, Paul Raube, porte-épée *Fahnrich* au régiment d'infanterie *Ost Preussen*, n° 45, tombé à Noisseville ; des officiers de notre ancienne garde impériale et non loin d'eux Hickert, sergent au 1ᵉʳ escadron des hussards de Ziethe, auparavant « laquais » de Son Altesse Royale le prince Frédéric-Léopold de Prusse.

Au sommet du cimetière s'élève un monument en forme de large pyramide. Il est dressé sur un piédestal, ouvrage d'art remarquable lui-même, orné d'emblèmes et de drapeaux sculptés. Il recouvre les restes de la masse d'officiers et de soldats français qui n'ont pu être reconnus ni obtenir de sépulture particulière. Les noms seuls des régiments dont ils faisaient partie sont inscrits sur le piédestal de la pyramide tumulaire ou sur des couronnes protégées par un cadre de verre, qui y sont appendues. — *Aux braves du 10ᵉ de ligne, — du 45ᵉ, — du 15ᵉ bataillon de chasseurs à pied.*

La pyramide à son faîte porte une urne qu'entoure une ceinture de créneaux de pierre. Sous les créneaux, dans la pierre, est gravée la croix d'honneur; une autre croix d'honneur, celle-là réelle, est fixée tout au pied du monument. Les dames de Metz ont souscrit et consacré de leurs deniers ce souvenir à l'armée du Rhin. Aux quatre faces du monument elles ont mis des inscriptions qui porteront à la postérité le témoignage de leur regret de la France et de leur amour impérissable pour la France. D'abord leur propre dédicace et celle de la ville aux morts eux-mêmes : *Les femmes de Metz à ceux qu'elles ont soignés. Metz aux soldats français morts sous ses murs pour la patrie.* Les noms de Sainte-Barbe, de Peltre et de Ladonchamps, ceux de Borny, de Gravelotte et de Saint-Privat sont incrustés sur deux des côtés du piédestal. Sur la face regardant la ville, on lit ce verset des Macchabées : « Malheur à moi ! Fallait-il naître pour voir la ruine de mon peuple, la ruine de la cité, et *pour demeurer au milieu d'elle pendant qu'elle est livrée aux mains de l'ennemi.* » Sur la face arrière, on lit cet autre verset : « Nous les avons aimés dans leurs souffrances; que notre compassion les suive après leur mort ! Ils moururent en laissant dans le souvenir de leur mort à toute la nation un grand exemple d'intrépidité et de dévouement. » Et au-dessous : « A la mémoire des 7203 Français morts aux ambulances de Metz ». Le vainqueur, il faut le dire à son honneur, n'a pas eu un instant l'idée d'interdire ces inscriptions. Il a scrupulement respecté ce dernier cri français de Metz arraché à l'ancienne patrie. Mais voilà donc tout ce qui reste de la France à Metz : un monument du patriotisme meurtri dans un cimetière !

Et Metz lui-même, qu'est-ce à présent qu'une pointe de lame enfoncée dans le vif de nos chairs? Ces jours derniers, dans une commission du Reichstag, comme M. Bamberger exprimait la crainte que, en formant des établissements maritimes dans les mers lointaines, l'Allemagne ne créât des occasions de petits conflits avec la France, sans avoir toujours sur le point nécessaire des forces navales suffisantes, le chancelier a répliqué par cette sèche formule de topographie mili-taire : « Ce n'est pas une question de forces navales. M. Bamberger oublie que la France est placée sous le canon de Metz ». Voici la phrase textuelle : *Frankreich liegt vor den Aus-fallsthoren von Metz.* « La France s'étend devant les portes d'attaque de Metz. »

Brugerbrük, dix minutes d'arrêt.

De Sarrebrück, où j'ai passé une nuit, à Francfort-sur-le-Mein, le train ne fait pas de longues pauses. Il s'arrête pourtant dix minutes à Bingerbrück pour un changement de wagon, et dix minutes à Mayence, pour se préparer au passage du Rhin. A Bingerbrück, j'achète un paquet de journaux allemands. Ils sont remplis du *Frühschoppen* que le chancelier

vient de donner dans son palais de la Wilhelm-
strasse aux députés du Reichstag, ainsi que
de la conversation qu'il a eue en 1867 ou 1868
avec Bluntschli. Me voici bien, pour le coup,
au plus profond de l'Allemagne.

L'intéressante conversation avec Bluntschli
est extraite des *Mémoires* du célèbre professeur de Heidelberg, qui sont en ce moment
en cours de publication. Quelle machine
infatigable à engendrer des idées eût été le
prince de Bismarck, si la politique ne l'avait
ravi trop tôt à l'idéologie! Il n'a pas trop mal
réussi dans la politique, cela est certain; il est
pourtant bien permis à un Français de regret-
ter qu'il n'ait pas plutôt suivi son autre vocation. M. de Bismarck n'appartient pas seulement à l'histoire des révolutions de l'Europe.
Il appartient encore par ses discours d'une
saveur et d'un tour si neufs à l'histoire de
l'éloquence, par ses dépêches et par la corres-
pondance intime qu'on a publiée de lui à
l'histoire de l'esprit allemand. A le juger d'un

point de vue exclusivement moral et littéraire, ou, comme diraient les Allemands, *reindich-terisch*, M. de Bismarck a la forme d'imagination shakespearienne ; il est, avec une précision terrible, calculateur d'âmes et calculateur de moyens, et en même temps il est visionnaire. Quand vous voudrez faire une lecture, pleine, jaillissante, colorée, prenez les lettres qu'il a écrites de Francfort et de Pétersbourg avant qu'il fût premier ministre. Ces lettres, les définitions imprévues dont elles bouillonnent, la conversation avec Bluntschli, recueillie et fixée par Bluntschli sur le moment même, l'entretien de Ferrières avec Jules Favre, également transcrit tout aussitôt par Jules Favre, sont des documents qui nous donnent tous un même personnage, supérieur encore à sa grande œuvre, par la diversité inventive du cerveau, par l'acuité et la promptitude de l'appareil sensible, par la puissance de contemplation ironique des choses. « Vous allez me trouver fantastique... » C'est ainsi que

M. de Bismarck ouvre son entretien ou son monologue avec Bluntschli. Fantastique, je le crois bien! C'est fantôme que M. de Bismarck aurait pu dire. Je ne sais si c'est l'effet sur moi des paysages romantiques du Rhin ou des caractères gothiques de la *Frankfürter Zeitung*. Mais, tandis que je parcours dans ce journal le bizarre extrait des Mémoires de Bluntschli, j'entre insensiblement et pour quelques instants dans le monde des spectres. Je vois là, assis devant Bluntschli, non plus l'homme d'Etat unique qui a fondé l'empire d'Allemagne, mais un de ces conseillers intimes d'une petite résidence germanique au dix-huitième siècle, qui avaient un pied dans le cabinet du landgrave et l'autre pied dans une loge secrète d'Illuminés, qui étaient savantissimes *in utroque jure* et alchimistes. Je le vois qui agite sa perruque poudrée en faisant une cuisine de sorcières de *Macbeth*. Il broie dans son mortier des cervelles de peuple, de la matière grise masculine et de la matière grise féminine pour tâcher d'en extraire une Prusse philosophale, seule nation complète, seule nation qui réunisse les qualités des deux sexes, homme-femme, maîtresse du monde. Car avec M. de Bismarck, qu'il soit orateur ou moraliste, homme d'État ou ethnologue, *junker* ou démocrate, absolutiste ou constitutionnel, conservateur ou national-libéral, qu'il aspire à venger les Hohenstaufen sur la Papauté présente ou qu'il s'apprête pour le voyage de Canossa, — il a passé par toutes ces formes, — on aboutit toujours en définitive au pur prussianisme, au prussianisme renforcé. Dans la conversation avec Bluntschli, le Celte est d'abord immolé au Germain; puis le Germain tout net a la mixture teutonne et slave qui donne la Prusse pour produit, la France est condamnée à l'éternelle féminéité. Oui tout cela est fantastique, mais avec quelque chose de profondément vrai. « La France est femme », avait déjà dit Michelet. Il est vrai que Michelet l'a dit dans une intention plus bienveillante pour nous que le chancelier.

Je ne remarque pas que les journaux français aient parlé de la réception donnée par le prince de Bismarck en l'honneur du Reichstag dont le mandat expire. Cette réception a eu lieu le 19 ou le 20 juin, de midi à deux heures. Les ministres et le corps diplomatique y assitaient. Les dames étaient venues en toilette ; elles ont dansé. La musique d'un régiment de la garde formait l'orchestre. Les hommes qui ne dansaient pas buvaient de la bière et du champagne. Plusieurs députés de l'opposition avaient accepté l'invitation du chancelier. M. Windthorst, l'orateur du centre, était là. Il a fait honneur au champagne ; il a été empressé près des dames. Mon journal me conte que, donnant le bras à une belle dame gouvernementale pour passer d'un salon à un autre, il a observé galamment que, si l'on était plus souvent en aussi aimable compagnie, on aurait bien de la peine à rester de l'opposition. Eh ! eh !... Bref,

on a été gai et en train, malgré la pluie. On a
demandé au chancelier comment il faudrait
appeler cette matinée. « Eh bien! a-t-il répondu, nous l'appellerons à la bonne vieille
mode allemande un *Frühschoppen*. » Littéralement cela veut dire un boire des chopes le
matin. Essentiellement, cela est intraduisible.
Car de dire « matinée à chopes, matinée à
bière », comme nous disons « une matinée
musicale » ou « un bal blanc », l'expression
française serait grossière, tandis que l'expression allemande *Frühschoppen* est familière, *ver-
traulich*. Disons « une matinée à la fortune
du pot », étant entendu que le pot est un
pot de bière. Le chancelier était d'ailleurs de
la meilleure humeur du monde. Il a conté des
histoires. Il est bien rare que nous ne soyons
pas pour quelque chose dans les histoires du
chancelier, quand il est de bonne humeur. Il
a parlé des négociations de Versailles. « *Les
plénipotentiaires français s'en allaient; ils
étaient déjà sur l'escalier* quand je leur ai

encore extirpé (*ausgedrungen*) deux cents millions de contribution de guerre à lever sur la ville de Paris. J'ai songé tout de suite à les donner aux États du Sud à titre de restitution sur les sommes dont nous les avions imposés en 1866. Je l'ai dit à l'empereur. Il m'a engagé à faire là-dessus un rapport. J'ai dû lui répondre que, si je tenais la plume en qualité de chancelier, il me serait impossible de faire une pareille proposition. C'était affaire de généralissime. » L'anecdote est précieuse. Nos plénipotentiaires français auraient bien dû descendre l'escalier un peu plus vite. Mais que dites-vous des États du Sud qui sont rentrés dans leurs deux cents millions approximativement?

Mayence. 10 minutes d'arrêt.

Je me précipite chez un libraire, attenant à la gare. « Pouvez-vous me donner un *Guide de la conversation en français et en espagnol?* J'en aurais besoin pour me débrouiller en Alle-

magne? » Le libraire me regarde stupéfait.
Il n'est pas loin de me considérer comme un
fou. « Non? Avez-vous au moins quelque
*Guide de la conversation en français et en al-
lemand?* » Il m'en étale tout de suite une
demi-douzaine, de formes et de prix différents,
dont j'en prends un.

Gare de l'Est! Gare de Mayence! Il y a,
entre les deux, Spicheren. Je ne m'en dédis
pas. Ma petite aventure comparée de la gare
de l'Est et de la gare de Mayence en dit plus
long qu'elle n'en a l'air sur les batailles
de 1870.

CHAPITRE II

Bad Hombourg.

Me voici installé à Hombourg, au troisième
étage du *Ritier's Park Hôtel*. Ma chambre est
vaste, éclairée et aérée. J'y ai tout ce qu'il
me faut, même ce qui est si rare dans les
hôtels les mieux munis et les plus opulents,
une table de travail ; sur cette table un encrier, dans cet encrier une encre nette et de
densité utilisable. J'ai vue, au premier plan,
sur la promenade et sur le parc. A l'horizon,
j'aperçois le Taunus dont les lignes de faîte
se fondent dans une vapeur bleue. Mes idées
sont bleues comme la vapeur qui flotte sur
les hauts monts.

Une ville d'eaux ou de bains de mer, une station d'hiver ou d'été, est un caravansérail plus ou moins élégant, où se débitent du soleil, de l'air pur, de la santé, de la joie et du bonheur. Les acheteurs appartiennent à toutes les variétés de la classe moyenne et des classes riches. Selon l'état de leur bourse, ils demandent plus ou moins de la précieuse denrée qu'ils sont venus chercher dans la ville d'eaux. Les uns s'en procurent pour trois semaines, les autres pour trois ou six mois. Mais la paix de l'âme et le bonheur sont des marchandises si rares et si fragiles qu'aucun endroit sur la terre n'en vend pour toute l'année, fût-ce à prix d'or, fût-ce aux plus riches. Le golfe d'Antibes, visité du monde entier, la divine et voluptueuse Grenade, que personne ne connaît plus depuis qu'en est sorti le dernier des Abencérages, sont dévorés, l'été, par ce même soleil qui, l'hiver, leur verse la vie et le bien-être : l'hiver, l'Engadine, Bade, Carlsbad, Hombourg dorment sous la neige ; l'automne, Scheveningen est la proie d'une pluie qui ferait passer la Normandie, par comparaison, pour une terre de sécheresse. Il faut donc se contenter de venir prendre en ces lieux privilégiés du bonheur et de la paix pour un tout petit moment, qui, même prolongé autant que possible, laisse encore aux soucis et aux pénibles labeurs presque toute l'année où la moitié de l'année.

Hombourg, parmi les villes cosmopolites et les villes de bonheur, n'est pas l'une des moins renommées ; elle n'est pourtant pas encore aussi connue qu'elle devrait l'être. On ne peut guère imaginer de ville de luxe où la vie s'écoule plus tranquille, plus douce et mieux occupée d'innocents plaisirs. C'est l'avis des Anglais et des Américains ; ils ont parcouru le monde ; ils en connaissent les bons coins et ils ont fait de celui-ci un de leurs séjours de prédilection. Il existe en réalité deux Hombourg bien distincts : le haut Hombourg, la vieille ville, la ville allemande, celle des landgraves de Hesse-Hombourg dominée par le château, *Schloss*, et le Hombourg d'en bas, la ville moderne, la ville européenne, jadis française par sa clientèle, aujourd'hui anglo-américaine, la ville d'aubergistes dominée par l'ancien palais des jeux, le *Kurhaus*. La vieille ville s'appelle tout de même *die Neustadt*, c'est-à-dire la ville neuve; mais elle porte ce titre depuis près de deux cents ans; elle date de la fin du dix-septième siècle; elle est l'œuvre du quatrième landgrave de Hesse-Hombourg, Frédéric II à la Jambe-d'Argent, le héros de Fehrbellin; ses rues sont larges et bien aérées; elle ne fait petite mine que par sa juxtaposition à la ville moderne, bâtie tout entière d'hôtels splendides et de charmantes villas. On peut dire que celle-ci est née comme Vénus du sein des eaux; elle est sortie par enchantement de ses fontaines salines. Seulement, il a fallu l'enchanteur; et cet enchanteur a été le démon lui-même, sous la forme de M. Blanc, qui a fondé la maison de jeu, *die Spielhœlle*, l'enfer de la maison de jeu, comme peut dire en un seul mot la langue allemande avec sa puissance lexico-graphique inépuisable.

M. Blanc a doté tour à tour d'un enfer le nord et le sud. Il a créé une maison de jeu d'été à Hombourg en 1840, beaucoup plus tard une maison de jeu d'hiver à Monte-Carlo. La légende veut qu'il ait laissé en mourant des économies se montant à cinquante mil-lions. « Il y a, à l'origine de toutes les grandes fortunes, des choses qui font trembler. » Ce n'est aucun socialiste français ou allemand, aucun nihiliste espagnol ou russe qui a dit ce mot; c'est Bourdaloue, un jour qu'il était en train de frapper comme un sourd. Vous remarquerez qu'il n'excepte de sa terrible formule aucune grande fortune. Je ne pense pas qu'il eût été disposé à faire spécialement une exception pour les cinquante millions récoltés à Hombourg et à Monaco. Dans le

total de cet énorme capital, il entre sans doute
bien des larmes, bien des désespoirs, bien
des cœurs brisés, bien des familles dissoutes,
bien des choses qui font trembler. Et pourtant,
s'il est peu de gens à Hombourg qui voudraient
rétablir la maison de jeu abolie, personne
n'en dit du mal et tout le monde a gardé
bon souvenir de M. Blanc; de même que, si
personne ne regrette aujourd'hui d'appartenir
à un grand et glorieux empire, personne non
plus ne parle sans reconnaissance des anciens
landgraves, de leur gouvernement éclairé et
bienfaisant, de leurs fondations utiles qui
ont été nombreuses. Il y a dans le *Kurhaus*
une salle retirée où l'on conserve, comme un
objet de vénération, les portraits des landgraves de Hesse-Hombourg, et comme une
relique une roulette avec son râteau. Un
vieil Hombourgeois, dont j'ai fait la connais-
sance, un bonhomme Jadis, un de ces Allemands de la *Kleinstaaterei* qui avaient le
cœur sur la main et qui parlaient le français

comme vous et moi, m'a mené dans ce sanc-
tuaire. Je l'ai entendu me soupirer avec un
égal attendrissement, en me montrant les
portraits des landgraves : « Ah! quels braves
gens c'étaient! » et, en me montrant la roulette : « Voyez-vous; le bon temps de Hombourg est fini. » Je répète que je ne plaide
pas ici de thèses. Je fais des notations où
j'introduis de moi le moins possible.

C'est en 1834 que Hombourg est devenu
officiellement une ville d'eaux. C'est en 1840
que la ville d'eaux est devenue un établissement de jeux. J'ai entre les mains un ouvrage allemand fort curieux qui conte les
circonstances au milieu desquelles ce dernier
événement s'est produit. L'ouvrage est inti-
tulé : *Quarante ans de la vie d'un mort*. Il a été
imprimé à Tubingue, de 1850 à 1853. Il est
devenu assez rare. Il était resté livre défendu
à Francfort-sur-le-Mein jusqu'en 1866, at-
tendu que tout ce qu'il y avait de plus sacré
dans la ville libre, son Sénat, ses juges, les

officiers de son contingent, ses hauts finan-
ciers étaient, dans ce livre, fort maltraités.
Après l'annexion de Francfort à la Prusse,
l'interdit qui pesait sur l'ouvrage a été levé,
l'administration prussienne jugeant qu'elle
n'avait rien à perdre à la divulgation, véridi-
que ou non, en tout cas peu édifiante, des
mœurs publiques de l'autonomie. Il ne faudrait pas prendre pour parole d'Évangile tout
ce que débite l'auteur du livre, grand ennemi
de l'ancienne société de Francfort, Rœdelheim,
Cronberg, Hombourg et lieux circonvoisins. Il
a été cependant informé de beaucoup de
choses.

On sonda d'abord, sur l'établissement éven-
tuel d'une maison de jeu, le landgrave Louis
qui a régné ici de 1820 à 1829. Le landgrave
Louis était général d'infanterie dans l'armée
prussienne et tout pénétré, dit notre auteur,
des idées rigides qui distinguent le corps
d'officiers prussien. Il répondit qu'il n'auto-
riserait jamais « pareil brigandage » dans ses

Etats. Lorsque M. Blanc se présenta à son tour, en 1839, après avoir constitué une société financière qui proposait d'exploiter à la fois les sources et une maison de jeu, le prince régnant était le landgrave Philippe, général aussi et même feldzeugmeister, mais dans l'armée autrichienne. Le landgrave Philippe professait, il faut le croire, des principes plus indulgents que son prédécesseur. Il signa une convention avec la société anonyme représentée par M. Blanc. Quand on apprit l'événement à Francfort, ce fut une indignation générale. Francfort, « la ville des riches », craignait à bon droit la tentation pour ses commis et pour ses caissiers. Francfort réclama, le verbe haut, contre une institution immorale et source d'immoralités. Les gazettes, que M. Blanc avait mises de son côté, répondaient au Sénat de Francfort : « Et votre loterie ? » En ce temps-là, s'il faut croire notre auteur, Francfort possédait un nombre appréciable de banquiers de l'une et l'autre religion qui poussaient fort loin l'art délicat des prêts. Un engagement de cent florins qu'on leur signait en janvier devenait avant décembre, par une série de savantes transformations, une lettre de change de cinq cents florins ou de mille. On ne manqua pas d'en faire la remarque à la ville libre. Évidemment et à supposer qu'il n'y eût là-dedans que la moitié de vrai, Francfort n'avait qu'à se taire, à surveiller ses teneurs de livres et à se résigner. Dès que la maison de jeu se fut mise à fonctionner, les étrangers affluèrent à Hombourg. Les Russes étaient attirés « par les sirènes françaises » et les Anglais par les belles chasses qui étaient libres. Les Allemands, — c'est toujours mon auteur que je cite, — vinrent tout bonnement pour tâcher de faire fortune au jeu. On eut les Français par la musique et les bals. Voulez-vous un peu de statistique? De 1834 à 1840, quand Hombourg n'était encore qu'une ville d'eaux, il y venait en moyenne 800 étrangers par an[1]. En 1841, la ville de jeux en reçut tout de suite plus de 1000 ; en 1850, 6000 ; en 1860, plus de 10 000 ; dans la dernière année des jeux, 20 000. Le chiffre des étrangers est maintenant retombé à 10 000 ; et ces 10 000 sont des gens paisibles, partis de chez eux avec femme et enfants, qui ne font pas la fête et ne tiennent pas à jeter l'argent par les fenêtres dans les sacs tout tendus de la population indigène. Je comprends le soupir que poussait, en me faisant contempler la dernière roulette, mon vieil Hombourgeois.

La suppression de la roulette a été prononcée en 1886, après l'annexion du land-graviat de Hesse-Hombourg au royaume de Prusse. On laissa cependant à la compagnie fermière la faculté d'exploiter, pendant six années encore, les divers jeux de hasard à une double condition, à la condition d'une part, que les terrains jadis cédés par le fisc du

1. *Homburg vor der Hœhe*, beschrieben von d[r] Medic. Heyd.

landgraviat à **M. Blanc** et toutes les constructions élevées par celui-ci sur ces terrains feraient retour au fisc prussien ; à la condition,
d'autre part, que la maison de jeu fournirait
au fisc une réserve annuelle qui serait capi-
talisée pour pourvoir à l'entretien et à l'administration ultérieure du *Kurhaus* et des sources
minérales. Les six années ont expiré en 1872.
M. Blanc pouvait alors se retirer. Il avait fait
sa fortune et celle de Hombourg. Il y eut cependant, à Hombourg, lors de la fermeture
des jeux, une crise et une quasi-panique.
L'empereur Guillaume y mit un terme par
une décision gracieuse qui abandonnait à la
ville de Hombourg tout ce que le fisc prussien
avait reçu de M. Blanc : bâtiments de la maison de jeu, jardins et réserve en argent.
L'abandonnement était fait, à charge par la
Ville d'administrer et faire administrer le
Kurhaus et d'en maintenir autant que possible l'ancienne splendeur. Si je ne me
trompe, au moment où les jeux fermèrent,

la réserve en argent, dont la ville entra en possession par suite de la décision impériale, se chiffrait par 3 millions de francs. A ces trois millions vint s'ajouter le revenu d'un impôt, fort ingénieux, fort original et fort légitime que la ville fut autorisée à lever et qu'on ne connaît chez nous ni à Vichy, ni à Aix, ni à Royat, ni à Luchon, ni nulle part. Tout étranger qui passe plus de cinq jours à Hombourg est tenu de payer à la ville une somme de quinze francs. S'il a de la famille, il paye selon le nombre de personnes qui l'accompagnent 25, 30 ou 38 francs, jamais plus que ce dernier chiffre. Cet impôt s'appelle la *Kurtaxe*. Il donne droit, pendant toute la durée de la saison, à l'usage et à la juissance des sources, du Casino, de ses salons, de son cabinet de lecture qui reçoit plus de cinquante journaux et revues en toutes langues, de son jardin, des illuminations du jardin, des concerts exécutés par la musique du *Kurhaus*, de la musique militaire qui est fréquente, des soirées dansantes qui ont lieu une fois par semaine. 15 francs pour tant de plaisirs ! A la bonne heure ; voilà un système de contributions bien entendu ; le contribuable rentre largement dans ses frais. La *Kurtaxe*, ajoutée aux 3 millions de la réserve, met la Ville en mesure de consacrer chaque année 250 000 francs au *Kurhaus* et à ses dépendances. Ce budget paraît gros, et en somme il est modeste. L'habile directeur du *Kurhaus*. M. Schultz-Leitershoten, a de la peine à s'en tirer avec toutes les distractions qu'il est obligé de fournir aux hôtes de Hombourg. Il s'en tire cependant. Il satisfait tout le monde, le public et les artistes qu'il appelle en représentation. On ne peut pas dire : *Rien ne va plus*, tout continue d'aller, même sans la roulette. La ville a gardé son caractère de magnificence et de plaisance. Si la société y est moins nombreuse que du temps des jeux, elle est aussi beaucoup moins mêlée.

Les maisons de jeu ne sont plus. Il n'en

reste qu'une, bien menacée, sur un roc léché des flots bleus de la Méditerranée. Qu'on dise de cette défunte institution tout le mal qu'on voudra, je n'y contredis point. Il est pourtant une réflexion à laquelle on ne peut échapper, chaque fois qu'on séjourne dans quelqu'un des anciens Casinos de l'Allemagne, Bade, Ems, ou Hombourg. L'infernale maison de jeu, *die Spielhœlle*, en a fait des paradis. D'ordinaire, nous ne tirons de nos vices que pour nous-même les jouissances qu'ils comportent; c'est à nos semblables que nous en réservons, autant qu'il se peut, les conséquences désastreuses. Tout au contraire de ce qui se passe habituellement, la maison de jeu offrait au moins cet avantage qu'elle laissait au vicieux les amertumes et les périls de son vice et que l'homme sage en goûtait les fruits savoureux. Pour le joueur, la maison de jeu, c'était les faux espoirs, les sueurs pleines d'angoisses, la ruine, le suicide, un tas d'horreurs; c'était l'enfer. Ah! oui!

Spielhœlle! Pour le tranquille poète ou pour le philosophe en villégiature, qui s'établissait dans le cercle de la *Spielhœlle* et n'approchait pas la roulette, quel Eden ! C'était la vue des femmes délicieuses circulant dans les jardins magiques ; c'était la méditation sous de frais ombrages tandis que venaient expirer à son oreille des musiques lointaines ; c'était le torrent de la montagne encaissé et civilisé, le joli ruisseau d'Oos, coulant à Baden-Baden entre deux murailles tapissées de lierre ; c'était les bals luxueux pour rien et pour rien des orchestres dignes du Conservatoire ; le soir, dans un ravissant théâtre Pompadour, on avait ensemble la Patti et Nilson, Tamberlick et Faure. Quant aux infortunés qui livraient leurs bonnes rentes au diabolique râteau, c'est en vérité qu'ils l'avaient bien voulu. Ils avaient dû d'abord faire cent vingt lieues, au moins, pour chercher l'enfer ; ils étaient ensuite allés chez le banquier ; en troisième lieu, ils étaient passés du banquier à l'usurier ; enfin, il leur

avait fallu écrire au notaire de la famille pour
qu'il eût à mettre en vente leurs valeurs mo-
bilières, leurs fermes, leurs moulins et leur
château et à leur envoyer le montant de la
vente; car on ne jouait pas sur parole. A
toutes ces stations sur le chemin du démon,
le temps ne leur avait pas manqué pour la
réflexion sérieuse et le repentir utile. Joue-t-
on moins aujourd'hui que les maisons de jeu
d'Allemagne n'existent plus? Et le joueur qui
se lance sur parole à la Bourse, au cercle, au
tripot, est-il de loisir et de sang-froid comme
celui qui, avant d'achever la ruine commencée,
était obligé de chercher et de trouver acqué-
reur pour le manoir paternel? Le fermier des
jeux était magnifique et bon prince. Pour peu
que vous eussiez perdu chez lui 500 000 fr.
en cinq ans ou en cinq jours, il ne refusait
pas de vous venir en aide. On montrait dans
toutes les villes de jeux une princesse russe,
un major allemand en disponibilité, un baron
autrichien, un neveu d'hospodar, un ancien

ténor de la Scala, joueurs irrévocablement décavés, à qui la Société fermière servait une rente, variant de 1 500 francs à 3 000 francs. Satisfaire ses passions, se ruiner à les satisfaire et ensuite toucher pour cela une retraite! Mais c'est l'idéal. La vertu seule est plus belle.

Grâce à l'administration active et prudente de M. Schultz, on se peut passer maintenant à Hombourg des ressources que fournissait le jeu. Le jeu n'en a pas moins créé ce riche et pittoresque *Kurhaus* qui, avec son théâtre, sa superbe colonnade de grès rouge, ses vingt-quatre fenêtres de façade du côté de la *Louisenstrasse*, ses trois promenoirs étagés du côté du jardin, est un édifice princier. Le jeu a formé et groupé autour du Casino ces allées spacieuses, ces rues monumentales, cette ligne de riants cottages qui, le soir, illuminant de lustres leurs vérandas, rayonnent dans la nuit noire et semblent le cadre d'un roman des *Mille et Une Nuits*. Vous descendez de la

terrasse du Casino; vous traversez le jardin;
vous voilà tout de suite et sans interruption
dans les sentiers ombreux du parc, en face
de ses prairies, semées de bleuets, de margue-
rites et de jolies jeunes filles d'Angleterre et
d'Amérique qui jouent le *lawn-tennis*. Vous
arrivez de l'autre côté du parc; une forêt
touffue et sauvage le borde; l'ombre et le frais
y sont perpétuels; si vous longez le chemin
qui court sur la lisière de la forêt et que de
là vous regardiez la ville, tout à l'heure somptueuse, où vous erriez, elle vous produit
maintenant l'effet d'un chef-lieu de canton
alpestre, admirablement placé là par la main
d'un décorateur, et où vous ne pouvez supposer
d'autres habitants que des bûcherons, des
chasseurs de chamois et des agens forestiers.
Une ceinture de montagnes boisées, d'un
aspect mystérieux et charmant, l'entoure à
perte de vue. Entrez dans cette ferme sous
bois; demandez un bol de lait; une grande
belle fille, agreste, aux doux yeux bleus ger-

maniques, vous l'apporte; un champ de pommiers est devant vous, une charette au repos, des poules. Vous pensez bien à feu la roulette et à ses transports de vie raffinée! C'est ici la nature toute simple, l'enivrement du paysage familier tel que le sent et l'exprime Werther à Walheim.

Bientôt le vent s'élève. Ce qui est précisément l'attrait propre de Hombourg et en même temps, me dit-on, son danger, c'est ce vent, vent du matin et vent du soir. Il vient du Feldberg et du Taunus. Il n'est guère de journée si chaude et si lourde qu'il ne rafraîchisse et n'allège de son souffle. Il vous berce, il vous soulève de terre; il vous ranime. Dans les pauvres cerveaux exténués, il verse la fraîcheur. Il est doux comme un baiser d'Ondine, et comme un baiser d'Ondine, il est perfide. Le docteur Deetz m'a bien averti de m'en défier. Sur son aile légère, il peut apporter les pneumonies et les rhumatismes. Je n'ai pas le courage de me garer, quand je songe qu'à Paris nous sommes tant de gens réduits à nous tenir pour heureux de pouvoir nous en aller, une ou deux fois la semaine, demander à Asnières ses zéphyrs et à l'île de la Grande-Jatte ses aquilons. Soufflez, soufflez, vents réparateurs du Taunus ; je ne vous crains pas. Je vous appelle.

Ces jours, caressés de brise, s'écoulent à écouter de la musique ; musique le matin à la source Elisabeth, pendant qu'on boit son verre ; musique l'après-midi et le soir dans le jardin du *Kurhaus*. L'orchestre du *Kurhaus*, dirigé par M. Gustave Tœmlich, compte quarante musiciens et coûte à la ville 75 000 francs par an. Il joue toute l'année. Pendant la saison, du 15 mai au 15 septembre, il ne joue pas moins, en moyenne, de dix-huit à vingt morceaux par jour. Quelle dure besogne ! Les morceaux sont renouvelés sans cesse. M. Gustave Tœmlich n'est pas exclusif. Son goût, étendu autant qu'il est délicat, embrasse Wagner et Brahms tout comme Rossini et

Léo Delibes, Raff et Chopin comme Gungl. Je ne dis pas que l'orchestre du *Kurhaus* exécute la valse *Morgenblætter* avec autant de *brio* que ferait Jean Strauss lui-même ni une marche de *Fra-Diavolo* avec la même légèreté de panache flottant que peuvent faire les musiciens de notre Opéra-Comique. Mais son orchestre est toujours dans le sentiment du morceau. Il s'écoute toujours avec plaisir. Or, on peut évaluer à plus de cent le nombre des compositeurs anciens ou modernes dont M. Gustave Tœmlich produit, au cours de la saison, quelque extrait saillant devant ses auditeurs. J'ai entendu ici du Chérubini ; c'est la première fois de ma vie que j'entends du Chérubini par un orchestre courant. Jugez quelle somme de répétitions un programme si varié exige des instrumentistes ; et ils jouent trois fois le jour ! Jugez quelle somme de connaissances et d'érudition musicales ce programme suppose chez le chef d'orchestre ! Jugez de la force moyenne de travail et d'attention qu'il y a chez l'artiste allemand !

Je note, — le mot « note » revient souvent sous ma plume parce qu'en effet il exprime en ce moment mon mode de concevoir et d'écrire, — je note un trait caractéristique de ces concerts allemands. Ils commencent chaque matin, aux sources, par un chant d'adoration. A sept heures et quart, l'orchestre arrive et il attaque un choral. Voici quelques-uns des titres de ces hymnes : « A toi, à toi, Jehovah. — Que la bonté du Tout-Puissant est grande ! — Le Seigneur est ma forteresse. — Loue le Seigneur, ô mon âme. — Que l'étoile du matin nous est belle et brillante. — Louons Jésus-Christ. — Dieu du ciel et de la terre. — Laissons Dieu nous conduire. — Ce que Dieu fait est bien fait. » Il y a des pays très avancés en civilisation où l'orchestre ouvrirait la journée par le quadrille de la *Tulipe orageuse.*

Au moment où je vais poser la plume, une troupe en marche passe sous les fenêtres de l'*Hôtel du Parc*. Elle est précédée d'un seul clairon ; je ne discerne que trois officiers. Ce n'est donc ni un bataillon ni un demi-bataillon. C'est une simple compagnie. Je fais le compte des hommes aussi exactement que possible à vue d'œil. Je compte environ 110 soldats et sous-officiers sous les armes. On n'est pas ici en temps de grande manœuvre ; on est en temps ordinaire. Avis aux gouvernements qui entretiennent des effectifs de 40 ou 50 hommes tout au plus par compagnie.

CHAPITRE III

Les Bismarck.

La conversation de Bismarck et de Bluntschli m'avait mis en goût de lectures sur Bismarck. Je me suis fait envoyer de Francfort une douzaine de volumes parmi les cent et les cent qu'on a publiés en Allemagne sur ses faits et gestes. Georges Ezéchiel et Fédor von Kœppen, entr'autres, sont à lire ; ils ont travaillé sur des notes qui n'ont pu être fournies que par le chancelier. Aux lettres qu'ils ont publiées sur M. de Bismarck, j'ai joint ses discours. Il pleut ; le Taunus est enfoui sous de gros nuages. Je me suis enfermé avec le chancelier pendant deux ou trois jours dans

ma chambrette du *Park-Hôtel*. Je ne puis pas
dire qu'il m'ait ennuyé. Probablement, il est
plus agréable en peinture qu'en personne, et
il vaut mieux le lire qu'avoir affaire à lui;
c'est le fait de beaucoup de gens et de beaucoup d'auteurs; heureux ceux qui peuvent
se borner à les lire! Précision, saveur, bon sens
net et tranchant, brièveté souveraine, imagination ironique et poétique; rien ne manque
à M. de Bismarck.

Le chancelier n'a pas poussé tout seul; il
n'a pas été fait d'un seul coup; c'est la résul-
tante d'une race. Il existe non seulement
un Bismarck, mais encore un Bismarckisme;
je dis le Bismarckisme comme on dit l'ata-
visme. Voulez-vous que je vous extraye de
mes lectures de trois jours de pluie la suite
des Bismarck, l'essence du Bismarckisme?
Bismarck lui-même a été si souvent por-
traituré! Je m'en tiendrai aujourd'hui à ce
qui peut se faire en voyage; j'esquisserai la
génération atavique de ce génie si particulier

et de ce caractère comme il n'y en a pas beaucoup dans l'histoire moderne. Je ferai voir aussi vite que possible les Bismarck dans leur milieu et leur relief.

M. de Bismarck est né, on le sait, dans la Vieille Marche, au village et dans la maison seigneuriale de Schœnhausen.

La Vieille Marche où les Bismarck ont leurs racines est comme le cœur de la Prusse. On appelle de ce nom un pays plat et pauvre qui s'étend au nord de Magdebourg, sur les deux rives de l'Elbe, pour la plus grande partie sur la rive gauche. Les Wendes occupaient la Vieille Marche en 843, lorsque fut fondé le royaume de Germanie. Les Wendes, venus à la suite d'Attila, étaient un peuple slave très probablement mêlé de tribus asiatiques. Contre les Wendes, slaves, idolâtres et polygames, commença aussitôt la croisade allemande. Elle fut propice aux appétits conquérants de tout genre. D'abord arrivaient, dans les villes commerçantes des Wendes, de paisibles marchands et de laborieux ouvriers, venus de Saxe ou des Pays-Bas. Ils s'établissaient en qualité de résidents. Ils étudiaient le pays et préparaient les voies. Puis, sur la frontière, quelque Allemand riche et brave formait ce qu'on appelait « une entreprise. » Il levait une troupe de soudards et d'aventuriers ; il pénétrait sans crier gare dans les cantons idolâtres, s'emparait d'une ville dont il devenait « le juge » et près de cette ville bâtissait un *burg* pour y installer ses hommes d'armes. Il distribuait des fiefs à ses principaux lieutenants. A sa suite et en dernier lieu se montraient le prêtre et le moine bénédictin, suivis cette fois d'un flot de colons, entre lesquels on répartissait le fermage des fiefs et les terres restées libres. Ainsi faisaient les Germains en l'an 900 ; ainsi avaient-ils fait aux troisième, quatrième et cinquième siècles avec l'empire romain ; ainsi font-ils encore en 1884 dans la Pologne russe, à Paris et dans l'Est français. Ils procèdent partout et toujours par infiltration.

La Vieille-Marche, teutonisée de la sorte, a été le noyau de la Marche de Brandebourg d'où sont éclos successivement le royaume de Prusse, la confédération de l'Allemagne du Nord et le nouvel empire germanique. Il a fallu trois siècles, de 843 à 1135, aux Saxons, devenus chrétiens, pour achever de la conquérir sur les Wendes et pour y implanter la culture allemande ou plutôt une barbarie moins rude que celle qu'y avaient apportée les tribus slaves et les tribus asiatiques, chassées en avant par la marche d'Attila. Vers le milieu du douzième siècle on adorait encore communément le Soleil sur les bords de l'Elbe. A la fin du quatorzième siècle, lorsqu'on donnait quelque fête dans la Vieille-Marche, les femmes ne se mêlaient pas encore avec les hommes dans une même compagnie.

Les Bismarck ont poussé sur ce sol pénible. Qu'étaient-ils à l'origine?

La conquête si lente à faire, l'œuvre de civilisation si difficilement poursuivie de la

Vieille-Marche, furent tout d'abord placées sous une triple garde : l'évêché, le couvent bénédictin et le *burg*. Par-dessus quoi vint se mettre le margrave. Les commandants de *burg* devinrent la tige des familles équestres de la Vieille-Marche, parmi lesquelles il s'en éleva six, qui prirent le pas sur les autres et dont les chefs s'appelaient *Schlossgessessene*. Les Bismarck, d'abord établis à Burgstall, près de la ville de Stendal, puis transférés vers la fin du seizième siècle, à Schœnhausen, à la suite de démêlés avec l'électeur Jean-Georges, sont l'une de ces six familles, élite féodale de la contrée.

Du moins est-ce la prétention du chancelier. On a eu la malice de la lui contester au temps où il aimait le plus à se vanter d'être un pur *Junker*. D'indiscrets fureteurs ont découvert que les Bismarck de l'ordre équestre sont des Bismarck de Priegnitz et nullement les Bismarck de Burgstall. Ceux-ci, chose horrible à penser, seraient de sang bourgeois. Ils se seraient enrichis par le négoce à Bis-

marke, jadis ville importante du district de
Stendal; ils en auraient pris le nom et, avec
ce nom usurpé, ils seraient venus s'établir au
chef-lieu du district, où les premiers renseignements positifs qu'on ait sur eux nous les font
voir membres du conseil de ville et de la très
roturière corporation des *Schwandschneider*
(mot-à-mot, tailleurs d'étoffes). Cette niche a
beaucoup amusé et un peu agacé, dans le
temps, M. de Bismarck. Il n'a pas manqué de
répondre et de faire répondre que certainement le très noble duc de Wellington a cousu
des culottes, puisqu'il appartenait à la *guilde*
des tailleurs de Londres. L'argument est joli ;
il ne serait pas sans réplique. Qu'importe?
A Berlin, de 1848 à 1864, on pouvait s'en-
flammer là-dessus. Pour l'histoire, les vrais
Bismarck sont ceux d'où est sorti le chancelier
de l'empire d'Allemagne.

Il y en a quinze en ligne directe, en remon-
tant depuis le prince de Bismarck jusqu'au
premier dont le nom nous ait été transmis et

qui apparaît entre 1309 et 1338. C'est une lignée, forte en saveur, fertile en hommes marqués d'une empreinte énergique, avec d'abondants collatéraux qui sentent tous également le terroir de la Vieille-Marche.

Si l'on pouvait mêler ensemble et broyer idéalement dans un creuset psychologique Jarno, le froid diplomate et l'officier délié du *Wilhelm Meister*, le conseiller Krespel, avec ses bizarreries méthodiques et adroites, quelque baron baltique semblable à celui que nous a représenté Hoffmann dans le *Majorat*, un peu de Méphistophélès ; si, à travers le produit qu'on obtiendrait de la sorte, on faisait passer en manière de courant électro-fantastique le hussard-fantôme de la *Lénore* et son galop, cette mixture, ce serait les Bismarck. Les trois premiers sont morts tout bonnement excommuniés. Il faut bien qu'il n'y ait rien de nouveau sur notre monotone planète ; le premier des trois, Rulo, celui qui fut conseiller municipal de la ville de Stendal et tailleur, selon les mauvaises langues, tailleur honoraire tout au plus, selon **M.** de Bismarck, devinez un peu pourquoi il se mit l'Église à dos? Pour avoir inventé l'école primaire laïque. En 1309! Rulo voulut ouvrir à Stendal des *Volksschulen* qui ne seraient point dirigées par les prêtres: de là, l'excommunication majeure. Son fils, Klaus Ier, après lui, imagina l'hôpital laïque; de là, une seconde excommunication qui paraît avoir été supportée, comme la première, très philosophiquement.

Ce Klaus Ier fut le politique supérieur de la famille avant **M.** de Bismarck. Il a accompli sa carrière vers le milieu du quatorzième siècle, au moment où la descendance d'Albert l'Ours venait de s'éteindre et où le Brandebourg se trouvait disputé et déchiré entre la maison de Bavière, la maison de Luxembourg et un dernier descendant, vrai ou apocryphe, de la maison d'Ascanie. Klaus Ier contribua plus que personne à sauver les Marches du démembrement. Riche, vaillant et avisé, il servit son pays de l'épée, du conseil et de la bourse, avec un dévouement sans réserve. Quatre siècles et plus avant la création du royaume de Prusse, Klaus Ier est déjà, lui aussi, ce que le Bismarck actuel s'est un jour vanté d'être un *Stockpreussen*, prussien encroûté, vrai Prussien, Prussien dans l'âme. Il ne connaît pas le Saint-Empire romain, qui n'a jamais été qu'une expression historique. Il connaît l'État réel de Brandebourg, avec la discipline bien ordonnée qu'y ont établie les princes d'Ascanie, Albert l'Ours et Wenceslas, avec ses châtelains libres, ses paysans libres, ses villes libres, sa diète qui vote les impôts et en discute l'emploi. Revêtu du titre tout brandebourgeois d'*Hofmeister*, il élimine du gouvernement tout Allemand qui n'est pas né natif des Marches, et il défend avec intrépidité le jeune État contre l'empereur Charles IV, qui tentait de l'absorber dans ses domaines héréditaires. Sur sa tombe on grava cette simple épitaphe : *Nicolaus de Bismark, miles*.

Aucun de ses descendants ne semble l'avoir tout à fait égalé en génie. Mais quelle série de puissants originaux ! Quelle succession de rudes vivants qui reviennent presque tous mourir au gîte, mais qui s'en sont d'abord allés à travers le monde, partout où ils espéraient trouver de bons coups à recevoir ou à donner, surtout à donner ! Les Bismarck n'ont pas de goût pour le métier d'enclume. Il y a, au seizième siècle, un Bismarck du nom de Ludolph, qui, en qualité de Rittmeister, fait campagne contre les Turcs. Il y en a qui ont servi la Suède. Il y en a un autre, Auguste, quadrisaïeul du chancelier, qui meurt colonel au service du Grand Électeur, mais qui avait commencé, dans ses guerres, par se mettre au service de la France. Hélas ! oui, de la France. Il est visible que le chancelier n'aime pas trop à divulguer cette circonstance. Les biographes qu'il a inspirés, se bornent à nous dire en termes vagues, tantôt qu'Auguste de Bismarck a combattu « pour la liberté de conscience» dans l'armée suédoise et dans le régiment du comte palatin; tantôt qu'il s'est fait admettre, après la bataille de Nordlingue, dans le corps de Bernard de Saxe-Weimar, et que, jusqu'en 1640, il a guerroyé en Lorraine et en Bourgogne. Ce n'est malheureusement pas une entreprise bien difficile que de décomposer en ses détails précis cette information générale et vague. Comme c'est justement après le désastre de Nordlingue que Bernard de Saxe-Weimar conclut avec Richelieu le traité des quatre millions, Auguste de Bismarck a été bel et bien, comme on disait alors, officier de fortune à la solde du roi de France. Ses guerres et batailles en Lorraine et Bourgogne ne peuvent être que la retraite de la Basse-Sarre sur Metz (1634), la marche sur Dijon et Saint-Jean de Losne (1635), la pointe de la Haute-Saône sur Waldshut, bref toute la série des manœuvres mémorables de Bernard de Saxe-Weimar, qui eurent pour résultat final de faire passer l'Alsace dans les mains de la France. Un Bismarck nous l'a ôtée, un Bismarck avait aidé à nous la donner.

Le bisaïeul de M. de Bismarck, Auguste-Frédéric, fut aussi colonel. Il commandait, sous le règne de Frédéric-Guillaume Ier, le régiment de dragons d'Anspach-Bayreuth. C'était bien le type du dragon et du colonel selon le cœur du roi-caporal. La petite ville de Gollnow, en Poméranie, où son régiment tenait ses quartiers, se conte encore la légende du colonel Auguste-Frédéric. Il était rude et agressif, chasseur acharné, tuant ses cent pièces de gros gibier en une seule année, emplissant les rues paisibles de Gollnow du bruit de ses meutes et de ses écuries. L'hiver, quand il traitait les officiers, à chaque toast, les trompettes sonnaient ; un piquet de dragons accompagnait la rasade d'une salve de carabines. Le repas fini, on sortait processionnellement avec flambeaux et torches ; la musique du régiment, qui attendait à la porte, prenait la tête du cortège; le colonel ramassait tout ce qu'il trouvait de dragons flânant dans les rues; il menait tout ce monde, vraie bacchanale militaire,

> .... mit Sing und Sang
> Mit Paukenschlag und Kling und Klang,

jusqu'au pont de l'Ihna, où se trouvait le chevalet, instrument de discipline du régiment et là : « Camarades », s'écriait-il, « les punitions sont levées; à l'eau, le chevalet. » Les pauvres dragons d'Anspach-Bayreuth faisaient prendre au chevalet le chemin de la rivière, mais sans enthousiasme. Ils savaient que le lendemain le colonel, exact en diable et qui n'aimait les bonnes farces qu'après boire, ferait dresser un autre chevalet et y planterait sans pitié, par le froid et la neige, le premier contrevenant au service. Cet excentrique, dont Frédéric II tenait les talents en estime particulière, mourut de la mort des braves, à Chotusitz, à l'âge de quarante-sept ans.

Il avait pour petit-cousin un fantasque de

la même espèce que lui, Ludolf-Auguste, à qui ses extravagances ne réussirent pas trop mal. La folie des Bismarck est une audace rectiligne, extrêmement tendue, qui va jusqu'au bout d'elle-même et qui est généralement heureuse. Un beau jour, à Magdebourg, Ludolf-Auguste, étant lieutenant-colonel et sortant de bien dîner, tue un laquais. Il cache le cadavre sous son lit et quitte sa garnison pour échapper aux conséquences. Tuer un laquais, passe encore! Mais quitter sa garnison sans congé, c'était là un crime sur lequel Frédéric-Guillaume Ier, le roi alors régnant, était moins disposé à badiner que ne l'a jamais été aucun prince de sa famille. Ludolf-Auguste fut réduit à se réfugier en Russie. Arrivé à Pétersbourg, il épousa une belle-sœur de Biren, le célèbre favori de l'impératrice Anne et, grâce à son beau-frère, il devint général. Après un exil en Sibérie, qui était obligatoire en ce temps-là pour tout personnage un peu marquant de la cour moscovite, il recouvra son grade; il remplit des ambassades ; il administra des provinces et finalement il mourut à Pultawa, général commandant l'Ukraine.

Voilà les Bismarck, race de centaures et de nemrods ; cuirassiers, dragons, carabiniers et au besoin diplomates ; habiles à faire avancer les affaires dont on les charge, non moins habiles à se pousser eux-mêmes. Leur vie est un *steeple-chase* ; ils ne tournent jamais l'obstacle, ils l'escaladent.

Dans ce musée de reîtres, on rencontre cependant, de loin en loin, quelque physionomie plus douce ; tel fut Charles-Alexandre, le bisaïeul du chancelier.

Celui-ci rêvait l'existence tranquille du diplomate. Mais l'inévitable cavalerie le guettait comme les autres. Tandis qu'il travaillait dans le cabinet royal avec le titre d'attaché d'ambassade, Frédéric II, qui le trouvait bel homme et bon pour le cheval, lui délivra d'office un brevet de cornette. Charles-Alexandre, dès qu'il le put, prit son congé pour se marier et vivre en sa maison de Schœnhausen. Le goût sincère et passionné de la retraite est encore un trait des Bismarck que possède à un haut degré le prince chancelier. Quand les Bismarck ne bataillent point, ils font valoir, ils chassent, ils élèvent leurs enfants, ils donnent l'exemple de la vie domestique parfaite. En Charles-Alexandre on voit naître les dons littéraires, poétiques et oratoires, si remarquables chez son petit-fils. Charles-Alexandre écrivait avec beaucoup d'agrément en français. Car, même en 1774, après que venait de paraître le chef-d'œuvre définitif de la prose nationale, les *Souffrances du jeune Werther*, Charles-Alexandre donnait comme son roi dans le travers de mépriser la belle langue allemande.

Son fils Ferdinand, le père du chancelier, épousa la fille d'Anastasius Menken, conseiller intime, qui était lui aussi imbu de langue française et d'idées françaises. Les biographes laissent un peu dans l'ombre ce dernier des

Bismarck avant le grand. Ferdinand résume cependant assez bien toute la race qui éclate en son fils. Robuste chasseur et de tempérament vivace, il parvient à l'âge de soixante-quatorze ans. Homme de famille et de retraite, il quitte le service à vingt-cinq ans, avec le grade de rittmeister, pour passer le reste de sa vie dans ses terres. Carabinier par vocation profonde, à vingt-cinq ans, il avait déjà treize ans de service dans la cavalerie ; il était entré à douze ans au régiment, en qualité de volontaire, et dès cet âge il montait la garde, faisait faction et remplissait ses tours de corvée à l'écurie comme les camarades. Hardi en ses décisions, il a certainement fait l'action la plus téméraire de sa race, puisque, burgrave de la Vieille-Marche, et de l'une des six dynasties privilégiées du pays, il n'a pas craint d'épouser une jeune fille, à la vérité fine et de beaucoup d'âme, mais bourgeoise et élevée par son père dans les principes de France. Figurez-vous les *Junkers* de la Vieille-Marche en 1805, et cette nouvelle parcourant les six châteaux des *Schlossgessessene* : « Ferdinand de Bismark va nous amener ici, pour être sa femme et nous la présenter, une jeune personne, issue d'une famille de savants de Leipzig. » De ce mariage audacieux est né l'homme qui a refait l'empire d'Allemagne.

Qu'en dites-vous ?

N'est-ce pas que chacun des Bismarck, oubliés ou obscurs, que nous venons de passer en revue, semble comme une molécule du grand Bismarck ? N'est-ce pas que chacun d'eux prophétise ou son exubérance, ou sa volonté de fer, ou son intrépidité froide de cerveau, ou son mépris du convenu, ou sa génialité profonde, ou son tempérament pittoresque, ou sa solitude dictatoriale de Varzin ?

La race et le milieu ne sont pas tout. Ils ne dominent pas et ne déterminent pas tout. Le déterminisme pur est, en psychologie, une chimère. Il reste dans chaque individu un mystère qu'on n'a jamais expliqué et qu'on n'expliquera jamais complètement, et qui est l'individu lui-même. Mais le milieu et la race sont beaucoup. Homme supérieur, homme nonpareil, le prince de Bismarck l'eût été partout et en tout temps par la seule action de son démon intérieur. Cependant tous ses ancêtres lui ont laissé quelque chose d'eux-mêmes. De Charles-Alexandre, son aïeul paternel, d'Anastasius Menken, son aïeul maternel, ce terrible gallophobe a reçu même un rayon de France qui a peut-être allumé le Kulturkampf et éveillé le démocratisme de ces dernières années.

Un grand homme, tout bien pesé, est le point culminant d'une famille. Toute famille, dans sa durée à travers les âges, tend vers un faîte, placé plus ou moins haut selon le degré de force de l'impulsion primitive, vers un épanouissement plus ou moins brillant des facultés innées de l'auteur de la race. L'effort mystérieux dure pendant plusieurs siècles. Enfin arrivent l'heure propice et l'enfant privilégié ; c'est le grand moment qui résulte de tous les moments antérieurs et de leurs lents progrès ; c'est le grand homme, formé de la moelle et du travail d'une série d'hommes aussi heureusement et peut-être plus heureusement doués que lui, mais dont les aptitudes ne pouvaient être portées à leur point de maturité et de perfection que par la longue élaboration des temps et l'exercice continu de plusieurs générations.

CHAPITRE IV

Une semaine dramatique à Hombourg et à Francfort.

Si nous parlions un peu théâtre !

Le spectacle, en Allemagne, commence à six heures et demie, et il se termine entre neuf heures et neuf heures et demie, à l'heure où, chez nous, la petite pièce vient de finir. Il n'y a, dans toute la soirée, qu'un entr'acte. Le rideau, à la vérité, tombe plus souvent qu'en France ; il tombe à tous les changements de décor ; il se relève presque aussitôt ; on n'a pas le temps de bouger de place. Des écriteaux, placés dans les couloirs, avertissent le public du moment de l'entr'acte et de sa durée, qui est habituellement d'un quart d'heure. A Paris, des gens logés à Auteuil, qui n'ont pas de voiture et qui vont entendre Mme Sarah Bernhardt à la Porte-Saint-Martin, n'ont pas perdu de temps s'ils réussissent à se coucher vers deux heures du matin ; encore faut-il qu'ils n'aient pas manqué le train d'une heure moins dix à la gare Saint-Lazare, chemin de fer de ceinture. Ici, un amateur de spectacles qui habite, comme moi, sur une pente du Taunus, s'en va à l'Opéra de Francfort, écouter le *Don Juan* ou le *Freischütz ;* il reste jusqu'à la fin ; en sortant, il a encore le temps de fumer une cigarette le long de l'agréable promenade que Francfort doit à Guiollet, notre compatriote, et, après avoir roulé trois quarts d'heure en chemin de fer, il se met au lit à dix heures un quart, avec la perspective que le lendemain, au petit jour, en ouvrant sa fenêtre, il respirera l'air pur des montagnes.

Il arrive pourtant quelquefois en Allemagne que le spectacle, commençant à six heures, ne finit pas avant minuit; c'est quand on joue l'une des pièces de la tétralogie de Wagner ou la seconde partie de *Faust*. Vous me direz que les Allemands n'ont qu'à ne pas se faire jouer le second *Faust*; il serait si profitable et si commode de le méditer dans le silence du cabinet! Probablement, c'est un plaisir germanique de ratiociner, en dedans de soi, des effets et des causes, même au théâtre. On aurait tort, d'ailleurs, de conclure de là que les Allemands ne cherchent pas de préférence au théâtre ce qu'y cherche le frivole Français : l'action et l'amusement. Ils ont, au contraire, pour nos pièces françaises et pour nos artistes français un penchant décidé dont ne se cache pas le premier des Allemands, l'empereur.

Chaque fois qu'il vient à Hombourg une troupe française, il est visible qu'elle cause un plaisir extrême. Il en est venu justement, cette semaine, une petite, une toute petite. Tous ceux qui l'ont vue en ont été contents. Il était particulièrement nécessaire pour moi qu'elle arrivât. J'avais eu le malheur, il y a quinze jours, à Francfort, dans la *Zeile*, de m'arrêter devant l'étalage d'un libraire et de fixer mes yeux sur un livre qui me séduisait par son titre pantelant et par le bon marché : 80 pfennigs. Je l'ai acheté, je l'ai lu. Depuis ce temps, je vis sous un cauchemar atroce. J'ai appris tout d'un coup, sans ménagement, ce que j'avais toujours ignoré, que les femmes françaises..... Vous allez voir ! J'en ai eu la jaunisse. C'est bien la jaunisse qu'il faut dire.

L'ouvrage, imprimé à Wiesbaden, a pour titre : « *le Miroir des Français*, réponse allemande aux injures des Français contre l'Allemagne et les autres nations, par un homme du peuple. » Soixante-deux pages très émues, qui se terminent ainsi : « Pauvres Français, balayez les ordures et les crottes de votre maison, avant d'outrager les autres peuples. »

Nous méritons certes qu'on nous fasse expier les succès que nous faisons en France aux moindres balourdises qui s'impriment sur le compte de l'Allemagne. Mais l'auteur du *Miroir des Français* est trop vif; il se met ainsi dans son tort, d'autant qu'il n'est pas l'un de ces nigauds à qui l'on peut tout passer. Il a des notions; il ne manie pas sans vigueur la phrase allemande. C'est particulièrement aux Françaises qu'il en veut. Depuis qu'il a lu dans les feuilles parisiennes je ne sais quelles mauvaises plaisanteries sur les femmes allemandes, dont les pieds sont accusés d'être un peu grands, il est hors de lui et, à cause de ces pieds grands des Allemandes, il se met à massacrer les Françaises! D'abord, qu'est-ce que ça lui fait que les Allemandes aient de grands pieds? Pour moi, je ne suis pas fou du tout des petits pieds. Les sculpteurs nous disent qu'un grand pied nu, bien moulé, a beaucoup plus de prix esthétique que tous ces pieds mignons qui ne sont que des objets de poche. Cela dit, qu'y faire? Dame! les pieds des Allemandes ne sont pas petits. J'ai examiné, l'autre soir, avec une lorgnette méticuleuse, les pieds féminins d'une troupe allemande de vaudeville, en passage près d'ici. Pas petits du tout, ces pieds-là! Les femmes allemandes possèdent toutes sortes d'avantages extérieurs; leur blonde chevelure fine, leur belle taille, de chastes yeux bleus suaves et un art céleste à les tourner qui vaut bien, sans reproche, la manière démoniaque des Françaises. Pour les pieds, je ne hais pas qu'ils soient grands, et ils le sont. Même le couteau sur la gorge, même au prix de cinq milliards d'amende, même sous peine de bombardement, je ne saurais reconnaître que des pieds qui sont grands sont petits. Mais voilà que je me laisse entraîner par le mauvais exemple de l'esthéticien de Wiesbaden et que je me mets la bile en mouvement sur les grâces et disgrâces comparées des femmes des diverses nations. Sotte chose! *Alle Theorie ist grau!...* Mais surtout en cette matière. Sur ce sujet-là, quand j'étais jeune et si j'avais eu le temps de me consacrer à la

question, j'aurais assez aimé la méthode de
Joconde, Étienne et Nicolo :

> Partout où j'ai voyagé,
> Selon les pays, j'ai changé.

Plus tard, j'ai dit philosophiquement avec
Goethe : *Das ewige weibliche*, formule qui ne
fait pas acception de nationalités. Et maintenant, ayant plus que passé l'âge de raison, je
suis de l'avis de Gros-René :

> Et moi je ne veux plus m'embarrasser de femmes;
> A toutes je renonce....

Je renonce et ne dispute pas des races. Au
contraire, sur cette partie de l'ethnologie,
l'anonyme de Wiesbaden est enragé ; il trace
avec une telle assurance et d'un tel ton scientifique la physiologie de la Française que
toutes mes idées en sont troublées. La Française, — découvrons enfin ce secret plein
d'horreur, — la Française est un être de couleur jaune. Non point jaune par accident, mais
foncièrement, par une loi de l'espèce. Il existe
en Europe trois races de femmes, les blanches

(Angleterre et Allemagne), cette première race adorable et accomplie; les brunes (Espagne et Italie), cette seconde famille de femmes, assez agréable encore, vive et émoustillante; enfin, les jaunes, qui sont les Françaises, jaunes à n'y pas toucher. Un pareil coup assomme. Encore pensais-je, si j'avais ici sous les yeux un certain nombre de Françaises pour m'aider à me défendre contre un auteur aussi affirmatif! Mais je n'en ai point. Je ne peux pourtant pas demander à la Société d'anthropologie de Paris de m'expédier des échantillons. Et j'ai là le Pangloss hessois qui abuse de ce que je ne peux pas faire de preuve et me crie en ricanant : Jaunes! Jaunes! Jaunes! Tout ce qu'il concède, c'est que les Françaises ont quelquefois le teint gris-jaune ou gris-bleu. Je repousse la concession au nom des Françaises; je les aime encore mieux franchement jaunes que gris-bleu. Malheureux que je suis! j'ai passé ma vie, sans m'en apercevoir, sous le charme du jaune.

Comme je ruminais ces noires pensées on a posé au *Kurhaus* l'affiche, annonçant, pour le soir, une représentation de « la compagnie française du *Kursaal* d'Ems, dirigée par M. Darmand ». Enfin, j'allais pouvoir contrôler et confondre mon gynécologue germain. Trois sujets femmes dans la troupe, Mlle Jeanne Lepage, Mlle Henriot, Mlle Deschamps, « artistes des théâtres de Paris ». Toutes trois, en tant que femmes, font bien à la scène. Pas la moindre trace d'origine mongolique; j'en suis sûr; j'avais vu la veille au Jardin zoologique de Francfort de jeunes beautés kalmoukes et j'ai pu comparer. Un peu pâles toutes trois, mais nullement jaunes; légères, gracieuses, avenantes; trois paires de petits pieds. Je n'y mets pas de partialité. Malgré le juge sévère de Wiesbaden, je trouve décidément que c'est gentil, une Française.

La « compagnie » d'Ems nous a donné un proverbe de M. E. Pierron, *Livre III, Chapitre I*er et le *Mari de la veuve*, d'Alexandre Dumas. Le

Mari de la veuve, auquel ont collaboré, si je ne me trompe, Anicet-Bourgeois et Durieu, porte pourtant bien la marque pure de Dumas ; c'est une des lestes gageures dramatiques de ce Gascon de l'Équateur. Le style manque de l'absolue justesse, si l'esprit et le brio scénique ne manquent pas. Le *Mari de la veuve* est resté longtemps au répertoire de la Comédie Française. Si la Comédie reprenait la pièce, on la trouverait peut-être un peu vieillie. Par la longitude d'Hombourg on est moins émoussé. La pièce a fort amusé ; chaque scène a porté coup. Public composé surtout d'Allemands, parmi lesquels m'a paru dominer la petite bourgeoisie de Hombourg. Public peu nombreux d'ailleurs. L'air doux du Taunus au dehors et M. Gustave Tœmlich, l'excellent chef d'orchestre et maëstro, faisaient une trop forte concurrence ; le rôle principal, celui de Paul de Vertpré, le mari imprévu, a été fort bien tenu par le directeur de la petite troupe, M. Darmand, comédien expérimenté et sûr de son affaire.

Mlle Henriot et Mlle Deschamps ont aussi beaucoup plu par leur jeu.

Or, en matière théâtrale, les suffrages du public allemand ne sont pas du tout à dédaigner. L'art comique est chez les Allemands en pleine floraison. Non-seulement Berlin et Vienne possèdent de grands acteurs ; à Francfort même vit l'une des premières artistes de l'Europe, Mme Claar Delia, femme de l'intendant des théâtres de la ville, qui malheureusement ne joue plus que « par ordre », quand l'empereur, qui goûte son rare talent, passe par Francfort, ou quand il arrive qu'une demi-douzaine de grands-ducs et princes souverains se trouvent réunis dans l'ancienne ville libre. Qu'un pays parvenu au degré de culture, de richesse et de puissance où est aujourd'hui l'Allemagne produise de grands artistes dans l'art du chant et dans l'art comique, ce n'est pas ce qui est le plus à signaler ; la moyenne est le point où il faut s'attacher. Je parlais plus haut à mes lecteurs de la supériorité des moyennes en Allemagne. Elle est frappante en ce qui concerne les comédiens. L'occasion m'a été offerte de le constater tant à Francfort qu'à Hombourg.

En ce moment, à Francfort, le *Schaus- pielhaus* (théâtre de comédie, de tragédie et de drame) est fermé. Mais il a passé par la ville, à la fin de juin, une troupe composée de comédiens appartenant au théâtre royal de *Gaert- nerplatz*, à Munich. J'ai vu jouer par cette troupe « *l'Arbitrage (Im Austragstrübel)*, pièce populaire villageoise en quatre actes, « mêlée de chant et de danse ». La pièce nous met sous les yeux des tableaux de mœurs et des types empruntés à la vie quotidienne de la montagne bavaroise, sur les confins du Tyrol. Elle appartient au même genre que chez nous *l'Ami Fritz* et *les Rantzau*, avec plus de simplicité encore et un réalisme plus serré. Elle est écrite en dialecte bavarois. Elle a pour auteur M. Hans Neuert, l'un des comédiens qui la jouent. Ce qui en compose le fond, c'est les tribulations que donne à sa famille un jeune paysan qui se met en fantaisie de monter une fabrique, qui y compromet son bien, emprunte et devient petit à petit, par la ruine approchante, un garnement. Autour de lui se meuvent, concourant à l'action, des caractères rustiques, tels que le malin de village, le marchand de livres, entrepreneur de maçonnerie, dépeceur de propriétés et usurier, la ménagère attentive, le bon travailleur. J'ai admiré comme les comédiens de la troupe de Munich entrent dans ces divers caractères ; leur art à se costumer et à se grimer, la sûreté de leurs gestes et de leurs jeux de physionomie, la vérité scénique expressive des groupes qu'ils forment entre eux. M. Hans Neuert et Mlle Schœnchen, qui étaient chargés des rôles du père et de la mère, ont joué avec une finesse et un pathétique d'autant d'effet que de simplicité. Il y a une scène où le fils, ne sachant comment se tirer d'affaire, exige que son père, sa mère, sa sœur, sa femme se dépouillent pour lui permettre de reprendre ou de continuer ses folles spéculations. Il fait mine de lever la main sur son père, et le père est sur le point de le maudire. M. Neuert a rendu ce moment d'angoisses en comédien consommé ; tous les autres, par leurs attitudes et l'air du visage, l'ont admirablement soutenu. Je sais bien que Munich, où réside cette troupe, ne peut être assimilée à une de nos villes de province qui serait de population égale ou supérieure. Munich est une capitale, et le roi qui y règne se donne beaucoup de mal et dépense beaucoup d'argent pour ses théâtres. Si cependant je prends pour terme de comparaison avec le théâtre *Am Gœrtnerplatz* de Munich, qui est un théâtre de genre, non le théâtre de Nantes ou de Bordeaux, ni, par une erreur opposée, la Comédie-Française, mais nos deux meilleurs théâtres de genre, à Paris, j'hésiterai à prononcer que le Vaudeville et le Gymnase, dirigés cependant par deux directeurs de beaucoup de goût technique, de flair et d'expérience présentent toujours dans l'exécution un ensemble aussi complet et aussi irréprochable que celui avec lequel l'*Arbitrage* a été représenté à Francfort par M. Neuert et ses camarades.

L'*Arbitrage* est la principale comédie allemande que j'aie vue cette année. J'ai assisté à trois représentations d'opéra. Sur le théâtre du *Kurhaus* à Hombourg, on a donné depuis mon arrivée *Martha* avec la troupe de chant du *Hoftheater* de Darmstadt ; l'an dernier, j'avais déjà entendu, par la même troupe, le *Barbier de Séville*. A l'Opéra de Francfort, des amis m'ont mené dans leur loge un jour qu'on donnait *Don Juan*, et M. Claar, l'intendant des théâtres de la ville, m'a fait la gracieuseté de m'inviter dans la sienne un autre jour qu'on jouait le *Freischütz*. Je ne saurais me mêler de juger de l'orchestre et du chant. Je sortirais par là de mon sujet présent, qui est l'art comique. Je ne m'en mêle donc pas. Si je m'en mêlais, j'oserais dire, après avoir repoussé d'abord l'intention ridicule qu'on pourrait me supposer et me prêter en France, de sacrifier l'orchestre et la troupe de l'Opéra de Paris à l'orchestre et à la troupe de l'Opéra de Francfort, j'oserais dire pourtant que les instrumentistes et les chanteurs de Francfort mettent dans la partition du *Freischütz* une qualité qui ne s'en dégage pas aussi bien à Paris, et cette qualité, c'est.... oui ! c'est la clarté. Jamais le détail poétique de la partition du *Freischütz*, accompagnement et chant, n'est ressorti aussi limpide à mon oreille et aussi pur. J'observe, d'ailleurs, qu'on ne connaît pas à Francfort le barbare contre-sens, passé de règle à Paris, qui consiste à introduire dans le *Freischütz* un ballet forestier sur l'air de l'*Invitation à la valse*. Mais revenons à l'art comique. J'avoue que je n'ai guère été content, à ce point de vue, du *Barbier de Séville* et de *Don Juan*. Le comédien allemand a beaucoup de peine à s'identifier avec ces types déliés de don Juan, d'Almaviva, de Rosine, de Figaro, de Zerline, nés dans l'azur. Il leur ajoute quelque chose de gros. Rien que la façon dont il s'affuble pour les jouer l'y fait paraître gauche et outré. En revanche, je retrouve dans *Martha* et dans le *Freischütz* l'appropriation remarquable de l'ensemble et de la moyenne. Il n'y a pas moins d'étude dans la troupe de Darmstadt que dans celle de Francfort pour réaliser une représentation combinée et harmonieuse de tous les rôles, et le résultat n'est pas moins sensible d'un côté que de l'autre. On doit signaler surtout à Francfort, comme des artistes façonnés au métier de comédien, tout pénétrés du sentiment et de l'intelligence de leurs personnages, Mlle Ruzicka qui joue Agathe dans le *Freischütz*, MM. Niernig et Müller, qui jouent Kaspar et Max.

Maintenant, laissons les artistes et jetons les yeux sur la salle.

Quand on vient de prendre place à l'Opéra

de Francfort, la première chose qu'on aperçoit, c'est un casque à pointe, je n'ai pas besoin de vous le dire. Ce casque à pointe est très opportun et des plus en sa place. Il appartient au commissaire de police de service au théâtre. En tenue, le sabre au côté, le commissaire de police est assis sur le premier fauteuil, au premier rang de l'orchestre, à gauche du spectateur; c'est son poste officiel; il se tient là pendant toute la représentation. A deux pas derrière lui, sur un strapontin, un autre casque, mais celui-là sans la pointe; sous ce casque, il y a un pompier qui se tient également, assis et immobile, pendant toute la soirée. Aux troisièmes galeries, un second pompier. Ces trois agents de l'autorité, divers de grade et de fonctions, sont là pour, en cas de panique, calmer les spectateurs, les informer et tâcher de mettre un peu d'ordre dans une déroute soudaine. Ce qui les aiderait dans leur tâche, c'est qu'un rideau de fer tomberait instantanément, par devant la scène, et séparerait celle-ci de la salle. On voit ce rideau fonctionner chaque soir à la fin de la représentation ; c'est un ouvrage souple et massif ; une porte y est pratiquée, qui au besoin s'ouvrirait aisément. Ce qui faciliterait la rapide évacuation de la salle par le public rassuré, c'est qu'autour du parquet (fauteuils d'orchestre et de parterre) règne un large couloir, toujours libre. Notre préfet de police, M. Camescasse, a bien rendu, je crois, une ordonnance prescrivant le rideau de fer et interdisant les strapontins dans tous les théâtres de Paris. Jusqu'à présent, l'ordonnance de M. Camescasse n'est exécutée qu'à Francfort. L'orchestre des musiciens est en contre-bas de plusieurs degrés des fauteuils d'orchestre ; au centre se tient debout le *Kapellmeister* dirigeant. Lui seul, dans son orchestre, peut voir à la fois la scène, les musiciens et la salle. Tout un rang de musiciens tourne absolument le dos à la scène. Ils n'y perdent rien, puisqu'ils sont dans un trou et que, même faisant face à la scène, ils pourraient à peine voir le spectacle. Je n'aperçois pas de cage du souffleur; cet objet désagréable a été habilement dissimulé par l'architecte sous l'écusson de la ville, placé comme ornement au milieu de la rampe. L'écusson ne s'élève que fort peu au-dessus de la ligne générale de la rampe; il se confond avec elle pour le regard.

Assez bonne salle pour un jour d'été. A ma grande surprise, je reconnais dans les loges nombre de figures des deux sexes qu'on voit souvent aux mardis de la Comédie. Est-ce que par hasard ce faubourg Saint-Germain des mardis, dont M. Sarcey dénonce avec tant d'acharnement le petit goût serait tout simplement le faubourg Bockenheim? A vérifier, l'hiver prochain. On me montre aux fauteuils d'orchestre une jeune femme divorcée. J'espère qu'un Français en voyage ne saurait voir de curiosité plus neuve et plus actuelle. Je considère longuement le monstre dont la seule idée fait frémir M. Jules Simon qui a écrit la

Politique radicale. Le monstre est joli. Son œil est sans remords et son front est sans nuage. Rien dans sa tenue ni dans sa physionomie ne trahit ces angoisses et ces abominations, suite nécessaire et inévitable, à ce qu'assuraient nos amplificateurs parlementaires, du déchirement qui se fait en deux âmes, quand, ne pouvant plus se supporter l'une l'autre, elles sont délivrées à tout jamais l'une de l'autre par l'autorité de la loi. A l'entr'acte, dans les couloirs, un jeune couple tout à fait comme il faut croise la dame divorcée et la salue ni plus ni moins que si ce n'était pas monstrueux. Je suis la foule qui se porte au foyer. L'affluence au buffet du foyer, pendant l'entr'acte, est beaucoup plus marquée qu'à Paris. On ne se rafraîchit pas seulement au buffet; on s'y restaure. Tous ces gens-là mangent des viandes froides et, je crois aussi, de la salade de légumes.

Ils rentreront ensuite dans la salle sans crainte des congestions. Le Germain possède beaucoup de facultés remarquables, aucune qui le soit plus que son estomac. Cet estomac peut se passer de tout et il ne refuse rien. On le contenterait pendant la durée entière d'une existence avec des pommes de terre en ratatouille, de la soupe aux knèfles et de la mauvaise bière. Aucune occasion de lunch, en quelque moment de la journée qu'elle se produise, aucun festin de Balthazar inattendu ne le surprend sans appétit.

En cet instant M. Claar, l'intendant des théâtres de Francfort, m'offre obligeamment de visiter les parties de son théâtre qui ne sont pas accessibles au public. Il me mène explorer la scène, ses appareils d'éclairage, ses appareils électriques prodigieux par la variété des applications, les loges des artistes, défendues chacune, en cas d'incendie, par une solide porte en fer à deux battants. Puis M. Claar s'apprête à me conduire dans les dessous. Avant de m'enfoncer sous terre, je lui dis : Mais, Monsieur l'intendant, ne me

présenterez-vous pas au foyer de la danse? —
M. Claar me regarde avec toute la mine d'un
homme qui ne sait pas ce que je veux dire.
— Ah! pardon, Monsieur l'intendant, vous
n'avez sans doute qu'un seul foyer pour les
artistes du chant et pour ceux de la danse? Je
ne vois pas, par exemple, où peut être votre
foyer. — M. l'intendant ne me comprend pas
davantage. Évidemment le mot de « foyer »
ne lui représente qu'un endroit où le public
va manger des saucisses. Je lui explique ce
qu'on entend par foyer de la danse à l'Aca-
démie de Musique et par foyer des artistes à
la Comédie. M. Claar me répond posément :
« Nous n'avons pas cette chose-là à Francfort.
« Les Messieurs, abonnés ou non, ne sont pas
« admis sur la scène. Cela ne serait pas moral. »
Je note — encore le mot note — je note ce
trait. En Allemagne, le nombre est, à ce qu'il
paraît, notable (toujours note) des comédiennes
qui sont des jeunes personnes très rangées, se
marient et passent tranquillement leur vie

entre les occupations de la scène et celles du ménage, en femmes appliquées à la profession et en bonnes mères de famille. J'avais rencontré justement à *Don Juan*, au foyer du public, l'une des jeunes comédiennes bavaroises qui avaient joué précédemment un rôle important dans la paysannerie *l'Arbitrage*. Elle semblait une pensionnaire des Dames de Saint-Joseph qui, ses études finies, se fera postulante. Sa toilette de ville était celle de l'innocence : une robe d'indienne et un petit chapeau de paille qui valait bien 2 fr. 75.

Cependant un pompier nous accoste, M. Claar et moi, avec sa lampe de sûreté. Nous descendons vers l'empire de Vulcain. Mais il faut nous recueillir un moment. Je vous renvoie, cher lecteur, au prochain chapitre pour les dessous de l'Opéra de Francfort.

Ces dessous sont tout uniment la huitième merveille du monde.

10.

CHAPITRE V

Francfort-sur-Mein. — L'Opéra.

L'Opéra de Paris a son escalier ; l'Opéra de Francfort a ses caves. L'escalier est pour l'apparat et les belles réceptions ; les caves, nous allons le voir tout à l'heure, sont pour le confort solide.

Que Francfort est changé de ce que je l'ai vu en 1869 !·Il y avait alors deux années seulement que le soldat au casque à pointe montait la garde dans la baraque de l'*Hauptwache*, à l'entrée de la *Zeil*. Je me souviens que, au moment où je visitais la maison de Gœthe, un bataillon vint à passer dans *Hirschgraben*.

J'ouvris la fenêtre pour regarder. Le cicerone indigène qui me faisait l'explication s'écria à voix très basse, mais avec toute l'énergie d'une haine bien sentie : *Ach ! Preussen ! Nieder ! Nieder !* C'était exactement les mots que j'avais entendus tomber, huit jours auparavant, de la bouche d'un cocher saxon qui me promenait le long du champ de bataille de Leipzig. Près de vingt ans, maintenant, sont écoulés depuis que la ville libre, capitale de la Confédération germanique, a vu entrer dans ses murs le corps d'armée du général Vogel von Falkenstein. On ne trouverait plus un Francfortois disposé à dire : *Ach! Preussen ! Nieder ! Nieder !* A peine, çà et là, quelques vieilles gens, mêlées jadis aux affaires de la ville libre, ont gardé personnellement une dent contre M. de Bismarck, non point contre le chancelier de l'empire, mais contre le ci-devant ambassadeur de Prusse auprès du *Bund.* Les dernières espérances du séparatisme allemand ont été enterrées à Sedan et sous les murs de Metz. Francfort est à présent fondu sans réserve et sans arrière-pensée avec la Prusse et avec l'empire. Si Francfort regrette quelque chose, ce n'est pas le *Bund*. Francfort regrette de n'être pas demeuré le premier marché financier de l'Allemagne ; Berlin lui a ravi ce rang. C'est un déboire ; il est, en somme, léger. Francfort ne penche pas pour cela vers la ruine, son coffre-fort et son porte-feuille ne sont pas près de se vider. Francfort est une maison de banque qui occupe un emplacement unique sur le continent, à égale distance des Bourses de Paris, de Berlin, de Vienne, de Hambourg et d'Amsterdam.

Francfort, à partir des années 1870 et 1871, s'est mis à faire peau neuve, dans toutes les directions, au Centre, à l'Est, et à l'Ouest. Dans la direction de l'Est, la *Zeil* a été pro-longée par la *Neue Zeil*. En ce moment même, tombe ce qui reste de la fameuse rue des Juifs. Je suis arrivé juste à temps pour revoir une dernière fois la maison croulante, berceau des

Rothschild, avec les deux vieilles masures attenantes ; toutes trois bien curieuses par tout ce qu'elles cachaient derrière leur façade modeste ou misérable sur la rue noire : des appartements spacieux et commodes, des greniers qui devaient être des magasins d'abondance, des rampes d'escalier en fer ou en bois savamment ouvragé, un rang de cours bien éclairées, des judas, des ouvertures dissimulées sur les planchers des étages supérieurs, des armoires rentrant dans les panneaux, des cassettes pratiquées dans les murs.

A l'Ouest a été percée la *Kaiserstrasse*. Une ville est sortie de terre autour des deux gares et de la *Grosse Bockenheimer Landstrasse*. La magnificence, la richesse, la grandeur, l'élégance ne sont pas le seul caractère, ni le caractère le plus marquant du *West-End* francfortois. Il n'est pas une seule construction, qu'elle soit destinée à servir d'habitation à son propriétaire ou à être partagée moyennant de bons loyers, entre plusieurs locataires, qui ne montre et n'étale la préoccupation et la passion de l'art et de la décoration artistique. Ce ne sont partout, sur les façades des maisons, que frontons, bas-reliefs, sculptures, cariatides, corniches ornementées, colonnes, galeries, balustres, vases, urnes, amphores rangés en ligne sur les sommets, balcons et vérandas suspendus au premier et au second étage, soutenus par des figures symboliques ou des pilastres, encadrés par l'ordre ionique ou l'ordre dorique. Trois styles sont employés de préférence et bien souvent mêlés, le style grec, le style Renaissance et le vieux style allemand. C'est un fouillis de styles. L'effet d'ensemble est d'une diversité grasse sans discordance. Voici un temple grec. Il est habité par quelque banquier, qui, sous cette façade corinthienne, vit, en bon père de famille, nullement romanesque ni archéologue, qui a pris soin, par la disposition intérieure de son logis, de se procurer toutes les aises de la vie moderne. Regardez cette maison colossale, au coin du *Rossmarkt;* elle est agrémentée de peintures murales qui représentent des célébrités du moyen âge allemand ; sur le pignon, au sommet, vous apercevez une grande figure de métal, une femme plantée sur un char qu'emportent en leur course trois ou quatre chevaux fougueux ; elle symbolise ou l'Allemagne, ou la Bavière, ou la Souabe, ou la Saxe, je ne sais ; elle a en tout cas toute la mine de vouloir rivaliser avec la *Germania* du Niederwald ; vous ne doutez pas qu'une bâtisse de telles proportions, que le pinceau a ornée d'emblèmes et que surcharge une allégorie monumentale, ne soit un édifice public, un hôtel de préfecture, une bibliothèque, un palais des arts, le siège de quelque exposition industrielle permanente, préparé et ménagé par l'un de ces puissants *Verein* qui sont si nombreux en Allemagne. Pas du tout. C'est une maison d'exploitation à prendre à bail par étages ; des écritaux sur les balcons princiers portent l'indication banale : *Wohnung zu vermiethen.* — Appartement à louer. Passez avec moi par la rue *Kettenhofweg !* Oh ! le joli hôtel, avec cette somptueuse balustrade et ce mignon portique ! Qu'on y serait bien ! C'est sans doute le paradis caché où un prince médiatisé vient le soir s'entretenir discrètement loin des bruits profanes avec Philine ! Mais pourquoi cette fringante Folie-Beaujon offre-t-elle à nos yeux, au-dessus de la porte d'entrée, une tête de cheval, grandeur naturelle, en relief ? Pourquoi, ce cheval ? Pourquoi à droite du cheval, ce Bédouin qui lui serre les naseaux, et à gauche cet Indien Apache qui s'apprête à lui jeter son lasso ? Pourquoi ? Parce qu'en cet édifice d'architecture attrayante sont établies les écuries de M. X..., négociant en peaux et fourrures. Toute cette splendeur des maisons et rues de Francfort a un défaut : c'est l'astragale pour l'astragale, la décoration pour la décoration, l'art pour l'art. Un beau style qui veut être en même temps un bon style exige que chaque mot et chaque trope soit en sa place. Pour jouir du luxe architectural et sculptural de toutes ces bâtisses artistiques, il faut en oublier la destination. Je me sentirais mal à l'aise pour ma personne si je logeais dans la superbe maison de *Rossmarkt* et, pour mon cheval, si je lui établissais son box dans le boudoir d'Aspasie. Pour mon goût, j'aime mieux les maisons toutes simples de l'avenue de Villiers. Si seulement on y avait de quoi se retourner !

Je me suis amusé à examiner les étalages des magasins, notamment dans *Kaiserstrasse*. Ils ne sont ni aussi nombreux ni aussi fournis, cela s'entend de reste, que ceux de la rue de la Paix. J'en remarque plusieurs qui ne sont pas arrangés avec moins de goût. Je vois, à la suite l'un de l'autre, l'étalage d'un tapissier, celui d'un tabletier, et celui d'une modiste. Les trois industriels respectifs savent aussi bien que nos habiles premières de Paris comment, par la manière de tendre une étoffe, de présenter un chapeau, de poser sur le velours

un bibelot, canne, éventail ou boîte ciselée, on
éveille chez le passant, qui ne s'en aperçoit
pas, l'envie d'entrer dans le magasin et d'ache-
ter. Je ne sais si ces chapeaux de femme devant lesquels je m'arrête ont, dans les con-
tours, le fini que leur donnerait une modiste
parisienne. Il me semble bien que la plume de
ce chapeau Valois en paille gris-perle le charge
une idée de trop, et que ce chapeau bas, vert
d'eau, jeté là négligemment, est trop orné pour
un déshabillé et trop grêle en ses lignes pour
une toilette de visite. Il n'en est pas moins
vrai qu'à côté sont des formes originales et
inventées qu'on ne voit pas chez nous. Quel
effet feraient ces formes sur une tête française? Je n'en ai cure; elles feront ressortir
d'une façon adroite les tons et les mines propres à la physionomie allemande. C'est là ce
qui m'inquiète. L'artiste, qui les a confection-
nées, témoigne clairement du dessein de s'affranchir et d'affranchir ses clients de la mode
parisienne; il aura de la peine; il suffit de la

tendance, bien qu'elle ne soit pas sûre d'aboutir, pour donner à mes idées un cours fâcheux. Nous régnons encore par la mode; nous ne régnons plus seuls, ni d'un sceptre incontesté. Je ne sais sur quoi se fonde un calcul que j'ai trouvé dernièrement dans le *Fremdenblatt* de Vienne, sous la plume d'un courriériste bienveillant pour nous. Le courriériste assurait que, dans une certaine période donnée qui est récente, la France avait importé en Autriche pour 150 millions et plus d'articles de mode et n'en avait exporté que pour 60 millions. Ce qui est certain, c'est que Vienne et Londres, en matière de modes, ne se soumettent plus tant à nos lois et que même ils aspirent à commander. Et voici qu'à Francfort même, une ville d'élégance, liée à Paris par tant d'affinités, pointe aussi la pensée de « faradasser » pour la toilette !

Au centre du beau Francfort s'élève le nouvel Opéra. Il occupe une surface de 4000 mètres carrés, et sa hauteur, du ras du sol au point le plus élevé de l'édifice, mesure environ 34 mètres. Il contient 2000 places. Il a été édifié à frais communs par la ville et par une réunion de bourgeois notables qui ont ouvert entre eux une souscription d'un million. Ces derniers, l'Opéra une fois achevé, ont formé une société, la Nouvelle-Société par actions des Théâtres de Francfort, qui exploite l'Opéra et le *Schauspielhaus*, moyennant une subvention annuelle de la ville, fixée pour le maximum à 100 000 francs. La Nouvelle Société est rigoureusement artistique; elle s'interdit de toucher en aucun cas plus de 5 pour 100 du capital qu'elle expose. Les bénéfices, s'il en est, qui dépasseront le 5 pour 100, doivent être indéfiniment consacrés à l'amélioration des deux troupes de l'opéra et du *Schauspielhaus*. Une combinaison de ce genre, dont je ne connais pas l'équivalent en France, honore bien particulièrement la haute bourgeoisie de Francfort.

Commencé de bâtir à la fin de 1872, l'Opéra

a été inauguré au mois d'octobre 1880. Comme c'est l'édifice le plus récent de ce genre qu'on ait élevé en Europe, l'architecte Lucæ, de Berlin, aujourd'hui décédé, a pu profiter et il a profité aussi bien des modèles fournis par ses devanciers, que de leurs fautes et de leurs omissions. Vu du dehors et, même en dedans, vu du vestibule, l'Opéra de Francfort rappelle l'Opéra de Vienne et celui de Paris. Il se compose de deux constructions carrées superposées, l'une, celle du dessous, flanquée de deux rotondes coupées et de quatre pavillons; l'autre, celle du dessus, ornée d'une coupole centrale qui domine le tout. Le foyer du théâtre débouche, comme le foyer de notre Opéra, par une rangée de fenêtres et d'arcades sur une terrasse extérieure. Au faîte du fronton d'en haut, on voit un Pégase; au faîte du fronton inférieur, un Apollon, que traînent, dans son char, des griffons ailés. Aussi la première impression est-elle de s'écrier : « C'est l'Opéra de Paris ». Les dif-

férences s'accusent ensuite. Naturellement
l'œuvre de Lucæ et de ses continuateurs, Giesenberg et Beck, n'a pas les proportions de
l'œuvre de M. Garnier. Elle n'offre pas au
regard, souverainement réjoui, cette colonnade grandiose et gracieuse qui s'harmonise si
bien avec le ciel de Paris et avec le paysage
de son boulevard. Elle a aussi coûté quelques
millions de moins. Mais il est certaines conditions du spectacle et de l'exploitation qui ont
été mieux prévues et mieux réalisées à Francfort qu'à Paris. Cet avantage de l'Opéra de
Francfort tient à ce que Lucæ est venu après
M. Garnier et qu'il a pu disposer, en maître,
non pas seulement de la place stricte, où il a
construit le théâtre, mais encore des emplace-
ments voisins. C'est peut-être une remarque
puérile de ma part : il y a tout autour de
l'Opéra de Paris une suite d'angles et de ren-
trants, noirs dès la tombée de la nuit, que
M. Garnier n'a pas réussi à préserver des
souillures honteuses et pestifères ; il les a en-

tourés d'une barre de fer qui ne les défend pas. Ici, dans les coins pareils, on a planté des jardins, de petits arbustes, qui écartent les indiscrets et ne nuisent pas à la vue d'ensemble de l'édifice. Le magasin des décors n'est séparé du théâtre que par la largeur d'une promenade latérale; il fait face à la paroi de gauche du théâtre, vis-à-vis d'une grande porte, par où la scène communique directement avec le dehors. Construit exprès, et de fond en comble, pour sa destination, le magasin de décors présente en façade douze portes à plein cintre et, au-dessus, douze fenêtres. Stores des fenêtres et portes sont en fer. Le magasin de décors est en connexion ininterrompue avec le théâtre par le moyen d'un large et haut couloir souterrain. C'est la disposition idéale. Le théâtre et le magasin de décors sont à la fois réunis et isolés. Là est l'un des mérites du souterrain merveilleux de l'Opéra de Francfort.

Mais enfin quelles merveilles sont donc contenues dans ce souterrain? Qu'est-ce qui s'y trouve de si prodigieux? Tout bonnement une machine à vapeur et un ingénieur-mécanicien avec une équipe de subordonnés. L'ingénieur et la machine, pendant la représentation, font mouvoir, distribuent et dirigent à volonté dans toutes les parties de l'édifice, du parquet à la coupole, sur la scène, dans la salle, dans les loges, dans les chambres et cabinets de service, dans les couloirs, le foyer et les bâtiments annexes, l'eau, l'air, le chaud, le froid, l'oxygène à respirer, le carbone expiré. Un réseau infini d'invisibles filets, aboutissant au souterrain et en partant, fonctionne pour le service des poumons de Sa Majesté le public. L'Opéra de Francfort est comme un corps où le sang circule; au fond, dans les souterrains, est l'organe cardiaque où se rencontrent le sang veineux et le sang artériel.

J'ai descendu trois étages de caves superposées. Ici est un énorme appareil de ventilation, composé d'une double rangée de grosses pièces; là est une salle dans laquelle s'emmagasine l'air puisé au dehors. Il y a une chambre où on chauffe l'air; il y en a une autre où on le refroidit. L'air, emmagasiné et canalisé, passe, selon les besoins, par des tuyaux remplis de vapeur bouillante, ou par trois couches d'eau glaciale. Dans toutes les parties du théâtre se croisent et s'entrecroisent une multitude de conduits et de serpentins, les uns tuyaux de décharge pour la vapeur, les autres tuyaux de distribution pour l'air, les uns se glissant sous les planches, les autres longeant les portants et les embrasures des fenêtres, les uns communiquant au dehors avec des puits d'air cachés dans les bosquets des promenades environnantes, les autres résorbant l'air du dedans et s'en allant l'expirer au sommet par les fissures de la coupole, les uns portant de l'air froid et les autres de la vapeur chaude dans des chambres de mélange où la mixture se fait aux doses voulues, les uns réglés par des soupapes, les autres libres, les uns volumineux dans les souterrains, les autres, dans la salle, imperceptibles.

Tout cela dépend d'une seule et même chaudière à vapeur gigantesque. L'électricité, auxiliaire de la machine à vapeur, tient sans cesse l'ingénieur du souterrain au courant de l'état de ventilation et de température du théâtre, non pas de l'état général, — peuh! ce serait l'enfance de l'art, — mais de la ventilation et de la température dans chaque section du théâtre, dans chaque pièce, dans chaque loge, autour de chaque fauteuil d'orchestre. L'ingénieur désire savoir de combien de degrés de chaleur jouit l'abonné qui occupe la loge de premier rang n° 4 ou le spectateur, muni d'un billet d'entrée, à qui le contrôle a attribué le fauteuil de parquet n° 126; il pousse ou tire un bouton sur son tableau électrique; le tableau électrique lui répond à l'instant même 18 degrés; s'il en fallait 17 ou 19, on serait en mesure d'y pourvoir. L'électricité joue partout, du reste, un rôle important à l'Opéra de Francfort. Il n'est pas nécessaire, par exemple, que l'avertisseur aille chercher les artistes dans leurs loges ou dans leur salon commun : il les avertit au moyen d'un appareil électrique. Même le chef d'orchestre a de l'électricité courant, je ne sais comment, sur son pupitre ou sur son clavecin. Tandis qu'il bat la mesure avec son archet pour l'orchestre, un timbre électrique le bat au besoin, en même temps que lui, pour les chœurs dans les coulisses. Aussi vous supposez sans peine que, en cas d'accident ou de malheur, l'électricité ne chômerait pas. Si le feu prenait sur la scène, on le saurait en quelques secondes dans le souterrain; on ferait jouer tout aussitôt une pompe, mue par un moteur à gaz; et, du fait de cette pompe, dont la mise en train exige le temps de frotter une allumette, l'eau tomberait sur toutes les parties du théâtre pendant dix heures consécutives. J'ai vu exécuter la mise

en train ; avaler une cuillerée de café est une
affaire plus compliquée.

Quel plaisir d'être assis dans sa stalle à
l'Opéra de Francfort ! comme on s'y sent en
sûreté et en hygiène ! L'Opéra de Francfort
serait au besoin un théâtre pour convalescents ; on y possède la température d'une
chambre de malades, toujours la même, été
comme hiver ; on y a chaud l'hiver et frais
l'été. On pourrait y faire une cure d'opéra
comme on fait ailleurs une cure d'eaux minérales et d'air. Je n'exagère pas ; en ce mois
d'été, les Francfortois se réfugient, le soir,
dans leur loge à l'Opéra afin d'échapper à la
lourdeur accablante de la rue. D'ailleurs, on
voit bien de toutes les places, particulièrement
des loges de parquet, qui correspondent à
nos baignoires de côté, où l'on est quelquefois, à l'Opéra de Paris, bien étouffé. Les
abonnés des loges à Francfort ne peuvent se
plaindre que d'une chose : ils ne sont point
pourvus de ces agréables salons de repos

et de conversation que M. Garnier leur a ménagés à Paris, sur le derrière de la loge. Lucæ avait mis ces sortes de salon dans son plan primitif. Le magistrat de Francfort les lui a biffées. Il a jugé que ce serait « immoral ». Je relève cette circonstance curieuse dans le *Guide pour l'Opéra*, rédigé par les soins de l'architecte Giesenberg. Voilà une idée que nous n'aurions pas eue à Paris, je m'en vante ! Il y a un degré de vertu et de précaution vertueuse qui vraiment !... Que diantre s'est donc imaginé le magistrat de Francfort ?

Francfort est fier de son Opéra. Il a raison. Il pourrait l'être tout autant de sa nouvelle Bourse. Le mélange des marbres blanc, rosé et noir, dans la colonnade qui entoure la salle des opérations de la Bourse, est de l'aspect le plus élégant et le plus gracieux. Et le Jardin zoologique ! Et le *Palmengarten !* Que voilà une ville vivante et opulente, qui sait mettre la vie en œuvre et en jouir ! Nous nous sommes consolés de nos défaites en 1870 par l'idée que nous étions un peuple riche et producteur et que l'Allemagne, en dépit de ses victoires, resterait pauvre et stérile. Je ne sais si nous sommes aussi riches que nous croyons l'être. L'Allemagne que je vois n'a pas l'apparence pauvre. Et qu'on ne me dise pas que je suis ici dans un centre d'affaires spécial, ancien et anciennement fameux. Tel bourg inconnu des bords de la Moselle, entre Trèves et Coblentz, si on le décrivait minutieusement, donnerait tout autant, quoique autrement, l'idée de l'aisance et du bien-être, que le peut faire Francfort, la ville célèbre, la ville de la banque et du change.

CHAPITRE VI

De Hombourg en Champagne et en Languedoc, par le bois.

Allez à Friedrichsdorf, me disait-on ; vous verrez quelque chose d'intéressant pour un Français et pour un huguenot. J'y suis allé.

Friedrichsdorf est un gros village, séparé de Hombourg par un coteau couvert de taillis et de haute futaie, le *Hardt*, qui borde le *Kurhaus*. Il y a de Hombourg à Friedrichsdorf trois petits quarts d'heure de marche par la forêt. Les sentiers du *Hardt* sont doux à monter et doux à descendre. J'ai eu vite fait cette charmante promenade.

Au débouché du bois, sur un plateau, dans

une situation pittoresque et fraîche, je vois se
dessiner le village, que surmonte un svelte
clocher. Deux hommes s'entretiennent à l'entrée de la principale rue ; l'un des deux porte
les insignes de facteur des postes « *Wo bin
ich, bitte?* » Le facteur me répond : « Vous
pouvez parler français! » Il ne me dit pas, à la
manière de Coquelin dans l'*Étourdi* : « Fous
boufez barler franzè. » Il me dit : « Vous
pouvez parler français. » Il n'a pas d'ailleurs
l'accent alsacien si reconnaissable ; je ne puis
soupçonner en lui un compatriote du Haut-
Rhin devenu fonctionnaire allemand. Il n'a
pas davantage l'accent de Dijon, ou de la
Comté, ou de l'Aunis, ou de tout autre lieu
spécial. Il a le pur accent de France, sans
aucun provincialisme. Je m'étonne et lui fais
compliment sur l'orthodoxie de sa prononcia-
tion. « Il n'y a pas de quoi être surpris, ré-
pond-il, je suis originaire de la Champagne. »
Son compagnon intervient alors : « Et moi,
fait-il, trouvez-vous que je m'exprime aussi

bien ? » Il avait dit : « Je m'exprime ! » Et il ajoute : « C'est que, voyez-vous, on dit que le Languedoc a mauvais accent, et précisément c'est du Languedoc que j'arrive par mes aïeux. »

Et moi je me répétais, mais dans un autre sens que tout à l'heure : *Wo bin ich?* Mes deux interlocuteurs s'excusèrent de prendre congé de moi. C'était le dimanche. « Voici, me dirent-ils, l'heure du prêche. Nous allons au temple. » Le prêche ! le temple ! Je les suis. J'entre avec eux.

Le pasteur était en chaire. Le temple nu, sans même un Christ, comme on le trouve dans les églises luthériennes ou les églises des protestants unis de Prusse, offrait l'aspect et le caractère du plus sévère calvinisme. Le pasteur lisait la confession des péchés en français. Il ne passa point la phrase caractéristique du christianisme calviniste, qu'un bon tiers de nos pasteurs de France a laissée tomber en désuétude : « Seigneur, nous reconnaissons et nous confessons devant toi que nous sommes de pauvres pécheurs, nés dans la corruption, enclins au mal, incapables par nous-mêmes de faire le bien, et qui transgressons, tous les jours et en plusieurs manières, tes saints commandements. Mais, Seigneur, nous avons une vive douleur de t'avoir offensé... » J'aurais pu me croire au Temple-Neuf à la Rochelle ou au temple de l'Oratoire à Paris un jour de sermon du rigide pasteur Grandpierre. J'étais tout enveloppé des idées de damnation et de salut éternel qui sont la discipline sous laquelle j'ai grandi. Les hommes dans le temple étaient aussi nombreux et même plus que les femmes. Tous étaient placés, et moi avec eux, dans une tribune, à hauteur de premier étage, formant rectangle ouvert devant la chaire du prédicateur. En bas, se tenaient les femmes, et rien que les femmes. J'interrogeai mon voisin.

Il m'expliqua qu'à Friedrichsdorf, et de

temps immémorial, les hommes, au temple, étaient rigoureusement séparés des femmes; que parmi les femmes même, celles qui étaient mariées ne se confondaient pas avec les jeunes personnes, les unes se tenant à droite de la chaire, les autres à gauche. Le pasteur, cependant, indiqua un cantique à chanter. Toute l'assistance, hommes et femmes, sans aucune exception, entonna le chant sacré. Mon voisin me tendit son livre de cantiques, pour que je pusse suivre des yeux. Je n'ai plus besoin de dire que le livre de cantiques était en français. J'examinai mon voisin; il avait la taille moyenne du pays de France, mais avec une solide carrure qui devient très rare chez nous, le type français habituel, mais singulièrement solide et robuste, une moustache qui par sa nuance n'appartenait tout à fait ni au blond, ni au brun, ni au châtain, ni au rouge, un teint de moustache enfin demi-roussâtre que je ne puis définir que par le mot : « teint de France ». Les quelques phrases que mon voisin échangeait avec moi, autant que le pouvait permettre le respect du saint lieu, étaient nettes, claires, correctes, aisées. Mais où suis-je donc enfin? Où suis-je donc? Ai-je été endormi dans le *Hardt* par quelque Rubezahl malicieux, qui, en trois secondes, m'a transporté au beau milieu du département de la Marne? Tout à l'heure, j'étais à Hombourg, ville allemande; par des éclaircies du bois, tout à l'heure, en chemin, j'ai aperçu, à ma gauche, le clocher de Kirdorf, village catholique allemand; à ma droite, le clocher de Seulberg, pleine Allemagne! Et ici, tout résonne français! Où suis-je? Où suis-je?

J'étais devant un prodige ethnologique. J'étais devant une pétrification française de l'an 1687. Ici habitent un millier de Français, qu'une trombe ethnique et politique a saisis et transportés, il y a deux cents ans, de la plaine de France dans un repli du mont Taunus; depuis ce temps, ils sont restés fixés dans la langue, les idées, la foi et les mœurs de l'heure exacte où s'est opérée la violente translation.

Ces Français descendent d'un groupe de calvinistes qui sont venus chercher un refuge contre les dragonnades auprès de Frédéric II, à la Jambe d'argent, landgrave de Hesse-Hombourg. Ils offrent ce curieux phénomène, qu'ils ont totalement perdu l'esprit national français et la notion raisonnée de la France, et qu'ils ont gardé avec un soin jaloux, une susceptibilité ombrageuse, la langue de la France et la forme de protestantisme particulière à la France. Leur parler français est celui du beau moment; il est intact et restreint; aucune mixture n'est venue l'altérer ni l'enrichir : il n'a rien acquis, il n'a rien perdu. Leur protestantisme est celui de l'âge héroïque et inflexible ; rien n'a percé vers leurs forêts du courant d'idées protestantes contemporaines, ni le latitudanisme des deux Coquerel, ni la liturgie humanisée de M. Bersier. Après le prêche je vais visiter le pasteur, le maire qui s'appelle Garnier, le directeur d'un établissement scolaire important et remarquable sur lequel j'aurai à revenir bientôt. Je m'entretiens çà et là avec quelques personnes. Chez le pasteur, il y a une lithographie, une seule : elle représente Calvin, sur son lit de mort, faisant ses adieux aux quatre syndics et aux seigneurs de Genève et prononçant les belles paroles que Théodore de Bèze a mises dans sa bouche : « Je proteste devant vous que je vous ai toujours enseigné dans sa pureté et avec un cœur sincère la parole de Dieu. Restez fermes dans la pensée que c'est Dieu qui fonde et conserve les villes et les royaumes... » Chez le maire, il y a un tableau, un seul : il représente Gravelotte, mais un Gravelotte absolument dénué de soldats français. On n'y voit que l'empereur Guillaume et ses généraux, après la bataille, se réjouissant du succès. Car, il ne faut pas que mes lecteurs s'y trompent, nous sommes ici en un pays allemand quoique de race française. Tous les habitants de Friedrichsdorf sont allemands, bien allemands de nation; ils ont fortement enfoncée dans l'esprit l'idée de l'État allemand; leur patrie, c'est l'Allemagne. Songez à ce qui s'est passé dans l'âme de leurs pères quand ceux-ci ont eu à choisir entre la parole de Dieu et les ordres du Nabuchodonosor de Versailles. Songez à l'effort surhumain qu'ils ont dû accomplir sur eux-mêmes pour abandonner leur industrie prospère, le champ fécondé par leur travail, la maison où leurs jours s'écoulaient dans la pensée et la recherche du salut. C'était de quoi arracher à jamais de leur cœur et du cœur de leurs enfants le souvenir de la France aimée et perverse. Ils ont préféré leur religion à leur nation originelle, et ils ont voué leur fidélité au pays qui leur a donné refuge. En tous temps, la religion mise en demeure et provoquée, l'a emporté et l'emportera sur la patrie, les intérêts et les idées que représente la patrie ne pouvant du tout lutter en importance avec les intérêts et les idées que représente une religion réellement crue.

Nos congénères de Friedrichsdorf sont donc à présent des citoyens de l'Allemagne du plus absolu civisme allemand. La plupart d'entre eux ignorent tout de la France, bien qu'ils en soient venus. Mais la langue française leur est un trésor dont ils ne voudraient pas sacrifier une parcelle. Ils ne se sont, en général, mariés qu'entre eux depuis deux cents ans, malgré les inconvénients physiologiques de ce cousinage et de ce népotisme indéfinis. Il n'y a pas encore un demi-siècle, c'était déroger, selon leurs idées, que d'épouser un Allemand ou une Allemande. Dites-leur tout ce que vous voudrez pour leur expliquer les profonds désastres de la France en 1870; la France, cela ne les regarde plus; mais ne vous avisez pas de leur dire, en manière d'explication, que le Champenois, le Picard, le Languedocien, étant plus petits de taille que le Hessois et le Brandebourgeois, sont peut-être matériellement moins aptes au combat ; qu'ils ont moins de vigueur physique et moins d'adresse corporelle ; qu'entre les uns et les autres la lutte est *naturellement* inégale ; ils vous déploient alors fièrement leur biceps, ils tendent leurs muscles et ils vous offrent de tenir tête, avec leur taille de 1^m,65 ou de 1^m,75, à n'importe quel grenadier de Poméranie, haut de 1^m,90 et plus. Élevés sous le même climat et sous la même discipline que le Germain, ayant reçu la même éducation gymnastique, ayant passé dans les mêmes régiments, par le même service de trois ans, ils professent sans aucune hésitation la supériorité *naturelle* du Français, du Français de Champagne et de Languedoc, tel qu'il s'épanouit à Friedrichshorf, sur le Germain. Opinion bien remarquable et digne d'être méditée. Je crois observer que les femmes ont un plaisir particulier à se sentir de la race dont elles sont.

J'ai demandé quelques renseignements à l'une
d'elles dont l'œil noir et la noire chevelure
disaient assez le sang languedocien. Les paroles tombaient de sa bouche ailées, sonores,
joyeuses d'être françaises. C'était tout le ca-
quet des bords de la Dordogne, qui s'ébattait
en elle. La mémoire des cellules, diraient
Jules Soury, Hœckel et les physiologistes
romanesques d'Iéna.

Je n'ai qu'une journée à passer ici. Il faudrait y passer trois semaines; je crois qu'on
y recueillerait quantité d'observations de
psychologie ethnique et de chimie historique
du plus haut prix. Première remarque sommaire : d'après ce que j'entends et d'après
certains documents manuscrits que j'ai parcourus, les réfugiés du dix-septième siècle ont
apporté avec eux à Friedrichsdorf deux langues, celle de la bonne compagnie et celle du
peuple des campagnes. Si quelques-uns parlent comme Mme de Sévigné, d'autres disent,
ou disaient, il n'y a pas longtemps encore :

J'étions. — *Il ont dit.* — *C'est maman qu'elle me l'a dit.* — *A c't heure.* — *Ils allions.* — *Quoi ce que tu dis.* — *Cette argent est bonne.* — *Nous fons.* — *Attends-mé.* — *Les chevals.* — *Où ce que tu vas.* — *Nous ont été.* — *Quoi qu'al veut.* — Les pasteurs et les maîtres d'école ont fait la chasse à ces locutions et ils n'ont réussi qu'à grand'peine à les extirper. De cette coexistence de la bonne langue et d'un jargon vicieux, on peut conclure qu'il y a eu deux classes de réfugiés; les uns, de bourgeoisie déjà suffisamment instruite; les autres, du simple peuple. Seconde remarque : quoiqu'il y ait à Friedrichsdorf des familles, des types et des noms qui sont du Midi, la langue d'*oc* ne paraît avoir déposé aucun sédiment dans le parler de la communauté française. On peut en conclure, ce me semble, que les réfugiés du Languedoc qui sont arrivés dans la Hesse, entre 1687 et 1704, ne parlaient plus déjà le languedocien; c'est un fait qui permet de mesurer ou de concevoir le degré de généralisation de la langue française au temps de Louis XIV. L'unité de langue était dès lors consommée (sauf en Bretagne) comme l'unité politique et l'unité nationale.

Il a pourtant persisté à Friedrichsdorf quelques formes qui sentent le dialecte, mais dans les limites de la langue d'*oïl*. On y a dit jusqu'au commencement de ce siècle, on y dit encore quelquefois : une épée *pointute*, — une pomme *pourrite*, — *rougerole*, pour rougeole, — *filerie* pour filature, — *s'assir* pour s'asseoir, — des poires *cucilliées* pour cueillies, — *pounié* pour poignée, — *quenaille* pour tenaille, — *guernier* pour grenier, — *moigneau* pour moineau, — *maladieux* pour maladif, — *Judic* pour Judith. Les habitants ont longtemps conservé une *noie* ou *moie* pour motte ou tas, *moie* de blé, *moie* de terre. Ils possèdent *parc à salade* pour plant de salade, *soie* pour passoire, *parc à bouquet*, pour parterre ou corbeille de fleurs. « Voilà de beaux bouquets dans ce jardin », signifie : « Voilà de belles fleurs ». Ils ont *potée de lait* pour pot. « Estomac » en leur langue veut dire poitrine : « Cette dame a un *bel estomac*». Dans certaines de nos provinces, le mot ainsi entendu a encore cours.

La bonne langue, en revanche, a gardé chez eux bien des mots et de gentilles formes que nous avons laissés se perdre. Des expressions surnagent qui sont d'avant le dix-septième siècle : *J'ai été regouré* (on m'a trompé, triché, refait) ; *écafeuillé*, pour étourdi. Ne seriez-vous pas bien aise d'avoir, comme à Friedrichsdorf, les mots si bien faits et si commodes de « claveciner » et de « violonner » ? Ne font-ils pas bien de dire encore « esseulé, — souventes fois, — une paire de fois » ? Ne regrettez-vous pas « demeurance » ? Est-ce que la locution « Je me pense que » au lieu de « je pense que » n'est pas bien expressive et bien charmante? Les gens de Friedrichsdorf disent « poêle » pour chambre; Descartes aussi. Ils disent « aussi tellement comme, ainsi comme »; Malherbe aussi. Ils emploient *beaucoup* où nous mettrions à présent *très;* Molière aussi :

La campagne à présent n'est pas beaucoup fleurie.

J'ai entendu de vieilles gens qui m'ont parlé du *roué* (roi) et de *Vitry-le-Françoué*, leur lieu d'origine.

C'est en 1687 qu'arrivèrent dans le landgraviat les premiers réfugiés protestants. Ils étaient trente-deux, chefs de famille ou célibataires. On a conservé les trente-deux noms. Ce sont des noms très communs des provinces de la France au nord de la Garonne et de la Loire : Labbé, Meunier, Bonnemain, Rossignol, Lejeune, Achard. Je remarque parmi eux un Ahraham Droz et un Boutmy. De 1698 à 1702, il vint une seconde fournée; elle arrivait de Champagne, de Picardie et de l'Ile-de-France. Noms très communs encore. Vers ce temps vinrent aussi des Languedociens, des Fabre, des Privat. Le landgrave Frédéric II leur distribua des terres sur lesquelles ils bâtirent Friedrichsdorf. Il décida que leurs personnes et leurs biens seraient exempts d'impôts pendant dix années. Au bout de dix ans, ils devaient payer un florin par arpent de terre. La soie put entrer à Friedrichsdorf sans payer de droit. Friedrichsdorf ne fut pas soumis, pour l'exercice de l'industrie, aux règles en vigueur des jurandes et des maîtrises. A ces faveurs, Frédéric II ajouta deux privilèges qui expliquent en partie comment Friedrichsdorf a pu longtemps garder si étroitement ses mœurs et sa langue. Les procès des réfugiés français ne devaient être jugés que par le maire et les échevins, élus par eux-mêmes, sauf recours dans certains cas à la chancellerie du landgrave. Nul n'eut le droit de s'établir à Friedrschsdorf sans la permission de la communauté. Le premier maire élu de la tribu errante fut Esaïe Rousselet.

On s'est avisé seulement en 1837, à Friedrichsdorf, de recueillir les souvenirs des habitants, de rechercher ce qui pouvait rester de documents dans les familles et d'en composer un registre que le maire s'est chargé de conserver. Cette chronique est assez abondante pour les années qui suivent 1837 et qui sont de beaucoup les moins intéressantes. Elle est plus sèche pour les origines. C'est dans ce registre que sont consignés les faits que je viens de relater. La foi se garda vive à Friedrichsdorf, et les habitants restèrent dignes, par leurs mœurs, de cette bonne réputation des protestants français à laquelle Bourdaloue apporte, dans un de ses sermons, son précieux témoignage. On a cependant un sermon de Christophe Roques, leur septième pasteur, qui, en 1746, leur reproche leur inattention à la lecture de la parole de Dieu et les dissensions croissantes des familles; qui se plaint aussi de l'humeur querelleuse et de l'intempérance des jeunes gens.

D'autre part, il résulte du même texte, qu'en ce temps-là on se réunissait au temple trois fois la semaine ; ce qui est bien une marque de ferveur. On fit un recensement en 1787. La population, ce semble, ne s'était guère accrue. En 1787, Friedrichsdorf possédait 89 maisons, 624 habitants, tous Français, dont 77 hommes, 88 femmes (sur lesquelles 13 veuves et 43 servantes), 142 garçons et 159 filles. Friedrichsdorf était une ville de petite industrie, autant et plus qu'une ville agricole. En 1787, on y trouvait 34 fabricants et 82 ouvriers de métiers. Sur ces 34 fabricants, 25 travaillaient la laine. Ils faisaient de la flanelle et des bas à la mécanique ; c'est l'industrie que leurs ancêtres avaient apportée avec eux venant de France.

Ce qu'il y a de plus remarquable dans le registre déposé chez le maire, c'est ce qui ne s'y trouve pas. Rien n'atteste mieux que certains silences combien, au bout d'un siècle, les réfugiés du Taunus étaient moralement séparés de leur nation d'origine. Il n'est fait aucune allusion dans le registre aux événements de notre histoire qui intéressaient le plus leur communion. Pas un mot de l'édit de Louis XVI qui rendait aux protestants leur état civil; pas un mot de la Révolution française où leurs coreligionnaires jouèrent un rôle si important; pas un mot de la renaissance des Églises réformées sous le Consulat; et quand les Français, soldats de la République, parurent sur le Mein, apportant l'égalité et la liberté, abolissant les principautés ecclésiastiques — pas un mot, pas un mot. Il n'est qu'un seul point par où Friedrichsdorf s'est toujours intéressé et s'intéresse encore et tient à notre pays. Chaque année les habitants souscrivent une somme pour des missions protestantes; ils en consacrent la moitié aux missions de France. La vie religieuse, au surplus, est restée intense à Friedrichsdorf. Dans plusieurs familles subsiste encore le culte domestique, qui était si soigneusement pratiqué par les protestants du dix-septième siècle. Soir et matin, la famille se réunit pour la lecture de quelques versets de la Bible et pour la prière en commun.

J'ai vu et lu, chez le pasteur de Friedrichsdorf, un récit manuscrit, plus ancien et de beaucoup plus d'intérêt que le registre du maire. C'est le récit de l'émigration de la famille d'Antoine Privat, dont les descendants occupent actuellement l'une des meilleures situations à Friedrichsdorf. L'un d'eux dirige une fabrique qui occupe une centaine d'ouvriers. Le récit, transmis par la tradition orale, n'a été fixé par écrit qu'à la troisième génération. Il offre le double caractère de la légende et de l'histoire. Il a été évidemment transcrit dans la forme naïve où il a été transmis. Les circonstances romanesques, mêlées à l'histoire, et qui trahissent le besoin de dramatiser particulier à ceux qui n'ont pas la pratique du métier d'écrire, n'infirment pas la valeur de ce document où s'expriment, en traits saisissants, la foi brûlante des huguenots du dix-septième siècle et la piété ingénue des gens de Friedrichsdorf envers leurs aïeux. Je vais tâcher d'en exprimer la substance et d'en rendre le ton pour mes lecteurs.

En ce temps-là, il y avait en France un roi nommé Louis XIV qui avait fait beaucoup de choses désagréables à Dieu. Il voulut tout de même s'ouvrir les portes du paradis, en y faisant entrer avant lui les huguenots de son royaume à la pointe du sabre de ses dragons. Sa maîtresse, Mme de Montespan (Mme de Montespan au lieu de Mme de Maintenon, vous voyez la légende), sa maîtresse, devenue vieille et bigote, et son ministre Louvois l'encourageaient dans son dessein de révoquer l'édit de Nantes. La famille d'Antoine Privat, qui ne voulut pas renoncer à la foi, fut alors cruellement frappée. La mère fut massacrée par les dragons; le père, Antoine, fut jeté dans une forteresse dont on ne savait pas le nom. Ses onze enfants, dont le plus âgé avait dix-sept ans, erraient dans l'abandon et la misère. Un jour que, fatigués, ils se tenaient appuyés contre les murs d'une vieille tour, ils entendirent une voix qui gémissait du fond des cachots. La voix s'exprimait ainsi : « Seigneur, pourquoi laisses-tu le tentateur venir à moi? Le tentateur murmure à mon oreille et à mon cœur, que, si je renie l'Évangile, je reverrai et mon champ, et ma maison, et mes enfants, et les enfants auront de quoi manger. Le tentateur me dit encore que tout en me déclarant catholique des lèvres, je pourrai, Seigneur, dans le fond du cœur, te rester fidèle. Mais Jésus a dit : « Celui qui « quittera sa mère, sa femme et ses enfants « et tous ses biens pour me suivre, à celui-là « sera la vie éternelle; » et partout où tu iras, Seigneur, je te suivrai. » Les enfants écoutaient la voix. Ils restèrent là. Le soir, quelque chose tomba du haut de la tour à leurs pieds. Ils ramassèrent l'objet. C'était un écu de six livres, enveloppé dans un papier. Ils lurent sur le papier : « Mes enfants, voici tout ce que j'ai ; allez vers l'Est et marchez longtemps ; vous trouverez un prince agréable au Seigneur qui vous recueillera. — Antoine Privat. » Les enfants prirent confiance et ils marchèrent vers l'Est. Ils marchaient depuis quatre mois lorsqu'ils arrivèrent dans une grande et belle ville, où ils tombèrent épuisés de fatigue et de faim sur une promenade. Un homme s'approcha et leur parla. Mais ils n'entendaient pas son langage, ni lui le leur. L'homme était un garde de ville qui les mena coucher dans la prison.

Cette grande et belle ville était Francfort-sur-Mein. A Offenbach heureusement, près de Francfort, vivait un pasteur qui savait beaucoup, beaucoup de langues. On le fit venir dès le matin. Il leur parla une langue, puis une autre, puis une autre jusqu'à ce que l'aîné dît : « J'ai compris ». Quand les bourgeois de Francfort connurent l'histoire de ces onze enfants qui erraient depuis quatre mois avec un écu de six livres pour l'amour et la gloire de Dieu, ce fut une admiration ; chacun vint les voir, et l'on oubliait en les admirant « que les pauvres petits n'avaient pas déjeuné ni soupé la veille ». Enfin, on les restaura. Les bourgeois de Francfort donnèrent asile aux neuf filles et plus tard les marièrent. Les deux garçons s'en allèrent vers le prince de Hesse, qui leur permit de s'établir à Friedrichsdorf. Ainsi furent sauvés les rejetons de la famille Privat, qui était de Saint-Hippolyte en Languedoc.

J'abrège et j'omets beaucoup de circonstances. Mais il me semble que dans cette simple histoire frémit l'âme des croyants du protestantisme français. La fondation de Friedrichsdorf apparaît ici plus lumineuse et plus expressive que dans le recueil d'annales qui serait le plus authentique et le plus détaillé. De combien de souffrances, de combien d'efforts, de combien de vertus, ce village de Hesse a été bâti !

Il ne faut pas se le dissimuler, Friedrichsdorf en tant que pays de langue française est
bien menacé. Friedrichsdorf a vaillamment
lutté; il a gardé longtemps l'empreinte sans
mélange. Mais l'océan de l'Allemagne qui entoure et presse cet îlot de France, le submer-
gera tôt ou tard. La femme de l'hôte, née
Lebeau, qui tient l'auberge *Zum weissen
Thurm*, a entendu conter par sa mère qu'en
1840 on n'aurait pas trouvé à Friedrichsdorf
plus de quatre femmes d'origine allemande.
Sur une population de 1200 âmes, il y a
maintenant à Friedrichsdorf 400 Allemands
et plus. Les médecins poussent aux mariages
entre les deux races par des raisons d'hygiène
qui ne laissent pas que de recouvrir aussi des
raisons nationales. Les destinées des Églises
françaises voisines semblent annoncer celles
qui attendent Friedrichsdorf. En 1842, il y
avait encore une communauté française à
Hombourg; elle est maintenant fondue dans
l'Église réformée allemande. Une autre Église

française de moindre importance a longtemps fleuri aux portes de Hombourg, à Dornholzhausen ; elle a été supprimée l'an dernier ; elle a fini faute de paroissiens ; il ne restait plus guère de Français pratiquant le français dans le village, que le maître d'école avec le pasteur. On résistera longtemps encore à Friedrichsdorf. Mais que pourront 800 Français contre l'infiltration allemande grandissante ? Que pourront-ils contre l'uniformité des règlements scolaires prussiens ? A l'école déjà, il a été attribué autant d'heures à l'enseignement de l'allemand qu'à l'enseignement du français. A partir de cet automne le temple même, où n'a jamais retenti que la parole française, entendra, de deux dimanches l'un, une instruction religieuse donnée en allemand. Dans cinquante ans d'ici, les réformés français de Friedrichsdorf ne sauront peut-être plus de français que l'oraison dominicale et la confession de foi des Églises calvinistes. Le français sera devenu alors pour eux une langue sacrée, comme le *pâli* pour les Bouddhistes de l'Indo-Chine et le latin pour les catholiques. Il était temps de recueillir et de sauver les fragments épars d'histoire positive qui nous restent sur cette petite Sion française du Taunus.

CHAPITRE VII

L'Institut Garnier.

J'ai annoncé à mes lecteurs que je leur ferais visiter l'Institut Garnier à Friedrichsdorf. C'est un internat de fondation privée qui a maintenant un demi-siècle d'existence. Entrons-y. Organisé comme il est, il nous fournira plus d'un sujet utile de réflexion.

L'école ou institut Garnier a été longtemps autonome, arrangeant sa discipline comme il l'entendait, libre de ses méthodes, de ses plans d'études, du choix de son personnel. L'annexion du landgraviat de Hesse-Hombourg à la Prusse en 1866 a changé ses conditions d'existence. Dans le royaume de Prusse, un particulier muni des grades nécessaires peut être autorisé à ouvrir une école ou collège et à l'exploiter financièrement, à ses risques et périls. Mais son établissement est placé d'office par l'autorité dans une des familles d'écoles dont la loi détermine le caractère et fixe le cycle d'études ; l'école privée s'oblige à accepter et à appliquer les programmes imposés aux écoles publiques de même rang qu'elle et à se conformer, pour l'esprit de l'enseignement, aux circulaires ministérielles. L'institut Garnier vit maintenant sous ce régime. Il est rangé dans la classe d'établissements que la loi définit *Hœhere Bürgerschule* ou écoles réelles sans latin à six, sept et huit années de cours. Il règle son enseignement d'après le plan d'études promulgué pour ces sortes d'écoles en mars 1882. Pour prix de cette sujétion et en raison de la réputation honorable qu'il s'est acquise, l'institut Garnier a été investi d'un privilège important ; il est officiellement école préparatoire au volontariat d'un an ; ses élèves à fin de cours, après des compositions faites et jugées à l'école même, sous le contrôle d'un *Schulrath* délégué, peuvent être déclarés admissibles à l'examen définitif pour le volontariat qui se passe à Cassel.

L'institut Garnier a été fondé vers 1830 par Louis-Frédéric Garnier, père du directeur actuel. Ç'a été, en sa première forme, une école préparatoire aux carrières commerciales et industrielles. Louis-Frédéric Garnier a pensé que l'heureuse situation de Friedrichsdorf au penchant du Taunus et la facilité qui s'y offrait aux enfants allemands d'entendre parler le français comme langue usuelle seraient deux puissants moyens d'attraction pour peupler une école de ce genre. Le succès a justifié son calcul. La prospérité de l'école est allée toujours croissant. On compte aujourd'hui par milliers, dans les situations moyennes de l'industrie et du commerce, des sujets aptes ou distingués que l'école a formés. L'établissement a fait dresser la liste de ceux de ses anciens élèves qui, de 1868 à 1883, ont reçu le certificat de maturité de la *Realschule*. Ils étaient venus de toutes les parties de l'Allemagne. On voit parmi eux des marchands, de gros fermiers, des chefs d'exploitation agricole, des mécaniciens, des entrepreneurs de maçonnerie, des architectes privés, des brasseurs, des hôteliers, des chimistes, des fabricants de chapeaux, de bijouterie, de machines, etc., etc. Parmi les élèves de l'établissement, il en faut citer un qui plus tard y est devenu maître à son tour et qui a été l'un des génies méconnus du siècle. C'est Philippe Reis, qui a découvert le principe du téléphone et construit le premier appareil téléphonique à Friedrichsdorf, à l'institut Garnier, de 1861 à 1863, bien avant qu'on parlât d'Edison. Il s'est éteint dans l'obscurité et dans la pauvreté.

Parcourons d'abord les locaux de l'institut. Sur un espace de deux hectares, les constructions se sont élevées l'une après l'autre, au fur et à mesure des besoins, sans aucune symétrie ni prétention architecturale. C'est un fouillis agreste, mais où l'on ne trouve pas moins tout ce qui est nécessaire pour le confortable de l'éducation. Chaque élève a son armoire à livres, son tiroir à dessins, sa toilette, sa commode à linge, sa case à souliers, sa case à pendre les vêtements. Je remarque en passant, dans le principal édifice, où sont les réfectoires, les dortoirs, les salles d'étude, les garde-robes diverses, une échelle qui court de haut en bas, du grenier au rez-de-chaussée, le long d'un conduit pratiqué dans le mur. C'est une échelle de sauvetage, en cas d'incendie ; deux fois par semaine, les élèves sont exercés à la monter et à la descendre. Trois infirmeries distinctes, que dirige Mme Garnier, sont disposées pour les élèves. Les deux premières sont l'une pour les maux courants, l'autre pour les maladies plus graves. Elles ont l'aspect avenant ; de beaux lits, d'amples divans. La troisième infirmerie, destinée aux maladies épidémiques, est à l'extrémité d'une cour, dans un pavillon isolé ; elle sert rarement ; depuis quinze années, il n'y a pas eu un seul cas de fièvre typhoïde à l'école. C'est l'autorité scolaire supérieure de la province, c'est le Conseil provincial des Écoles, résidant à Cassel, qui a exigé l'installation d'un local spécial pour les épidémies. D'un bois voisin vient l'eau qui sert à la consommation de l'école ; elle sort d'une source romaine qui est la propriété de M. Garnier, et elle est apportée à l'institut par des conduits d'argile anglais ; non loin de cette source est un étang, dans un site pittoresque ; il a été loué par M. Garnier ; il sert, l'été, pour les bains froids, et il est pour les élèves un but de promenade. On a de l'eau, de l'eau et de l'eau ; c'est le bienfait de la montagne. Cabinets d'aisances et urinoirs bien tenus. Je demande pardon de m'arrêter à ce détail trop souvent négligé en France. Il y en a partout, près des classes, près des dortoirs, dans les jardins, dans les cours ; il y en a pour le jour et pour la nuit.

Tout l'établissement a l'aspect rustique, bien que ce ne soit ni une ferme modèle, ni une école d'agriculture. Mais MM. Garnier père et fils ont sagement profité de la situation pour joindre à la direction de leur institut celle d'une exploitation agricole. Je vois une écurie à douze boxes ; sont présents huit chevaux de Mecklenbourg, employés à l'agriculture, et un cheval de selle demi-sang. Je vois la remise : trois voitures de maître ; elles servent à promener les élèves convalescents ou ceux qu'on veut récompenser. Je vois la vacherie, la porcherie, le poulailler ; la porcherie peut contenir vingt porcs ; la vacherie contenir vingt vaches ; il y en a seize de présentes. Je vois la remise agricole ; elle contient dix chariots d'exploitation. L'un, hélas ! vient de nous. C'est un chariot de notre artillerie, pouvant supporter un poids de cent vingt quintaux, qui a été vendu par le fisc allemand après la guerre. M. Garnier me dit : « De ma vie, je n'ai vu chariot civil ou militaire aussi

15

bien conditionné. » Au moins, c'est une consolation pour nous. Nous sortons des écuries et remises. Nous sommes en plein champ. Voici un potager où viennent toutes les espèces de légumes. Voici des champs de pommiers. Grâce à cette exploitation agricole, M. Garnier fournit à l'institut tout ce que l'institut consomme, excepté la viande de boucherie. Les élèves sont sûrs que leur table ne sera fournie que de mets sains et frais. M. Garnier fabrique son cidre lui-même. Il fabrique son fromage, son beurre, ses laitages, ses crèmes dans l'office en sous-sol de l'institut, dont la vue produit à l'œil l'effet le plus délectable. L'école possède aussi sa buanderie à elle, avec chaudière à vapeur, et son atelier de repassage. — Mais, dis-je à M. Garnier, qu'est-ce que c'est donc là-bas que ce grand logis avec une écurie? — Ce pavillon, me répond M. Garnier, qui n'a point de communication avec le reste de l'établissement, est destiné aux logements militaires. En cas de passage de troupes, j'y puis loger de vingt à vingt-cinq hommes et dix-huit chevaux. — Ainsi partout, en Allemagne, le militaire et le devoir militaire sont prévus ; on y pense toujours.

Parmi ces installations, j'examine surtout celles qui sont purement scolaires. Nous entrons dans la cour principale de récréation. Elle est attenante aux champs, vaste, inondée d'air, avec de belles allées d'arbres. Un portique, muni de tous ses accessoires de gymnastique, y est à la disposition des élèves, si pendant les récréations ils préfèrent le jeu gymnastique à la balle et à la raquette. Au bout du jardin s'élève la salle de gymnastique savante et méthodique où se donnent les leçons régulières. Elle est large, longue, haute, avec la lumière à profusion. Le parquet est couvert de nattes destinées à amortir les chutes éventuelles ; certains appareils sont rembourrés. J'aperçois dans un coin des fusils de bois ; c'est que les élèves sont exercés au maniement du fusil et aux mouvements de peloton ; mais cet exercice spécial, *Taktische Turnübung,* n'est considéré ici que comme un assez médiocre accessoire de l'art gymnastique. Ce qui est le principal, ce qui est sérieux, c'est le cheval suédois et le cheval de bois ; c'est cette longue échelle droite ; c'est cette échelle à plat pour les exercices de main et de biceps ; c'est ces lourdes baguettes de fer massif dont il y a une vingtaine. J'essaye d'en soulever une ; mon bras vieilli la laisse aussitôt retomber. Les élèves de l'école sont astreints non seulement à prendre et à tenir ces bâtons de fer, mais à les manier et à les mouvoir en diverses postures. Le maître qui enseigne la gymnastique à Friedrichsdorf est un maître *ad hoc.* Il a pris ses grades et ses brevets à Berlin. La capitale de l'empire d'Allemagne possède, parmi ses hauts fonctionnaires, un directeur général de la gymnastique. C'est M. Euler. Il est venu récemment inspecter l'institut Garnier pour la gymnastique, et il lui a donné une note supérieure d'inspection. Je le crois bien, avec ces barres de fer !

L'institut Garnier peut contenir deux cent vingt pensionnaires. On n'y connaît pas la plaie du maître d'études. C'est les professeurs eux-mêmes qui viennent à tour de rôle faire à l'établissement le service de surveillance intérieure. Les choses sont arrangées de telle sorte que chacun d'eux n'est pas occupé, dans l'internat même, plus de deux semaines par semestre. Ce n'est pas une lourde charge pour les maîtres et c'est un grand bienfait pour les jeunes gens.

Prière en commun soir et matin. On se lève à cinq heures et quart en été; à six heures et quart en hiver. On sé couche, été comme hiver, à neuf heures. La journée est donc de quinze heures trois quarts, si l'on prend pour type le jour d'été. Remarquons un premier fait caractéristique. La règle à l'institut Garnier est que, après chaque heure qu'il a passée entre les mains du maître,

15.

l'écolier jouisse d'un répit de dix minutes pour se mouvoir et se recueillir; qu'après chaque espace de deux heures, coupées de dix minutes, pendant lequel il a suivi la classe ou l'étude, il ait à sa disposition au moins une heure entière pour les repas, les goûters, la toilette, les récréations, la promenade dans les bois voisins, les requêtes au directeur. Il résulte de là que, sur une journée de quinze heures trois quarts, l'écolier ne consacre que sept heures trois quarts au travail scolaire; il lui reste huit heures pleines pour son loisir. Ajoutons qu'en comptant la somme de jours formant les vacances de Noël, de Pâques et d'automne, on trouve que l'élève d'un établissement scolaire allemand, public ou privé, chôme pendant près de trois mois. Ajoutons encore que dans toutes les écoles, depuis l'école de village jusqu'au gymnase classique, il y a, outre les vacances réglementaires, les vacances extra, déterminées par telle ou telle circonstance accidentelle, et portant, pendant une série de jours, sur partie des heures de classes; par exemple, les *Hitzeferien* (les congés pour cause de chaleur) que le simple directeur d'une école publique peut prendre sur lui de prononcer, en prévenant l'autorité supérieure. Fin juillet, j'ai vu un directeur d'école réelle, fortement malmené dans un journal d'Alsace-Lorraine, parce qu'il avait ainsi fermé l'école à cause de la température trop lourde; mais le journaliste n'a pas eu le crédit de forcer le directeur à rouvrir l'école avant que le thermomètre baissât. Le temps de la détente n'est pas, on le voit, ménagé à l'écolier allemand.

Serrons maintenant d'un peu près ces sept heures trois quarts de travail par jour. Le total de sept heures comprend les heures de classe et les heures d'études. Combien d'heures de travail à l'étude? Le travail à l'étude, que l'écolier opère par lui seul et personnellement sur des sujets donnés par le professeur, est de beaucoup le plus fatigant pour un cerveau d'enfant ou d'adolescent. Il est vrai qu'il est aussi de beaucoup le plus fructueux. Combien donc d'heures d'étude dans la journée? Deux heures un quart et à certains jours trois heures. Combien, par contre, d'heures de classe? Cinq heures et demie, et à certains jours six heures et demie; car il y a une certaine heure de la journée qui est tour à tour consacrée, un jour sur trois ou de deux jours l'un, à l'étude et à la classe. Vous voyez ici un autre trait de l'éducation allemande, qui est l'énorme prépondérance des heures de classe, c'est-à-dire de l'office du maître et du travail en commun de l'élève et du maître, sur les heures de travail de l'élève par soi seul, de méditation et de recoction de l'enseignement du maître par l'élève. Ce trait, plus facilement saisissable dans un internat tel que l'institut Garnier, est commun à toutes les écoles allemandes. Je ne juge pas le système, je constate. Dans toutes les écoles publiques aussi bien qu'à l'institut Garnier, le nombre des heures de classe, par semaine, pour chaque classe, n'est pas moins de trente et trente-deux. Ainsi premier caractère principal de l'école allemande : les heures de la journée se partagent par égales moitiés entre les heures de travail scolaire et les heures de vie non scolaire, de réfection et de distraction ; de plus un bon quart de l'année est en féries. Second caractère, bien marqué : tout se fait par le maître et tout est dans le maître. Il suit de ces deux conditions déterminantes dans lesquelles se donne l'enseignement, une conséquence également signalétique : c'est l'extrême lenteur du travail et du progrès scolaire. La maturation d'un écolier est une œuvre mécanique de tranquillité et de patience. Si je considère ce qui s'enseigne d'histoire dans une école réelle dont le cycle d'études est de neuf années, un écolier allemand met neuf années à apprendre, en cette matière, ce qu'on enseignerait sans difficultés à un écolier français en trois ou quatre ans, avec deux heures de classe par semaine.

Avant de quitter l'institut, je passe de nouveau dans le cabinet du directeur. M. Garnier veut bien me permettre de jeter les yeux sur les instructions qui lui sont adressées, au nom du ministre de l'instruction publique du royaume de Prusse, par le Conseil provincial scolaire de la province de Hesse, qui réside à Cassel, et dont relève son école. Ces instructions, naturellement, sont les mêmes que celles qui sont transmises aux établissements publics de même ordre et de même degré. Chaque fois que chez nous on dérange ou on surcharge l'enseignement secondaire, soit classique, soit spécial, on ne manque pas de nous dire : « Cela se fait ainsi en Allemagne ». Or, la plupart du temps, au lieu de suivre l'Allemagne, on lui tourne le dos. Voulez-vous de ce fait une preuve palpable? Depuis la réforme générale de M. Jules Simon, qui a été déjà revue et augmentée d'une seconde réforme, également générale, sur le sujet de laquelle, ce dernier trimestre, on a commencé d'entreprendre une contre-réforme, toujours générale, on a saturé, on a infecté de géographie nos classes de lycées. Et qu'est-ce qui me saute tout de suite aux yeux, dans les recommandations adressées par le ministre de l'instruction publique de Prusse aux directeurs et professeurs de gymnases et d'écoles réelles? C'est des conseils pressants de prudence sur la géographie. Prenez bien garde à la géographie!... Il n'est pas d'étude où l'abus soit plus près de l'usage!... Il y a une espèce de géographie, stérile pour l'intelligence!... Fuyez les nomenclatures géographiques, etc., etc.... Bref, la crainte de la géographie en Allemagne est le commencement de la sagesse pédagogique. Autre exemple. L'institut Garnier, je vous l'ai dit, avait, au temps de sa pleine autonomie, le caractère exclusif d'une école préparatoire aux carrières commerciales et industrielles ;

il l'a gardé non pas exclusivement, mais autant que le lui permettent les lois et règlements scolaires qui lui sont imposés par
l'Etat. Vous pensez sans doute que dans une
école de ce genre, école réelle, et en Allemagne, la chimie et la physique vont s'imposer et tout envahir; car, en France, il est
maintenant entendu chez beaucoup de gens
qu'il n'y a que les sciences naturelles qui
aient de la réalité et qui puissent former la
substance d'une éducation scolaire positive.
Or, les instructions ministérielles allemandes,
que j'ai parcourues, signalent, même pour
cette école industrielle et commerciale, les
aspérités de la physique et les risques du trop
de chimie. Elles redoutent le maître qui
aurait l'idée de développer *ex professo* devant
les élèves la théorie de l'optique et celle de
la chaleur, ou qui promènerait sa classe à
travers toutes les métamorphoses compliquées
des corps. Elles prescrivent de ne rien enseigner aux élèves que d'usuel, la langue et les

principes de ces deux sciences, juste ce qui est nécessaire pour qu'ils ne soient pas des ignorants en chimie et en physique. Rien que la physique et la chimie des résultats ! Même dans une *Hœhere Bürgerschule*, qui représente, entre toutes les hautes écoles, l'espèce la plus pratique, peu de physique relativement, peu de chimie ! Même là, et quoique le cycle d'études embrasse huit années, la chimie et la physique n'obtiennent que la place strictement nécessaire, et une place, en somme, modeste.

J'allais quitter M. Garnier sans lui demander comment il enseigne l'anglais et le français. Il me répond : « Avec des chrestoma-« thies ». J'aurais dû m'en douter. Rien qu'avec des chrestomathies ! Dès qu'on entre dans une école allemande, on y voit le *Lesebuch*, recueil de morceaux choisis, qui a été préalablement examiné et approuvé par l'autorité scolaire supérieure. Tous les exercices de langue étrangère à l'institut Garnier reposent sur un *Lesebuch* semblable. Et dire qu'en France nous avons proscrit le *Conciones* et nous avons failli proscrire le *Selectæ* par la raison que ces deux livres sont des recueils de morceaux détachés et sous le prétexte que l'Allemagne s'attachant aux auteurs tout entiers, rejette avec horreur tout ce qui est fragmentaire!

Sur cela je prends congé de M. Garnier. J'ai trouvé en résumé dans cette école privée une occasion de me confirmer les observations principales que j'ai déjà pu faire dans les diverses écoles publiques, écoles populaires, écoles bourgeoises, écoles réelles, gymnase, écoles de filles où il m'a été donné accès chaque fois que j'ai voyagé en Allemagne. Les deux fondements communs de l'éducation de la jeunesse dans toutes ces écoles, c'est, pour l'éducation physique la gymnastique, pour l'éducation morale, la religion et la doctrine chrétienne. La place que tient la religion en pays allemands dans l'école en tant qu'objet

d'étude et instrument de culture, est considérable. L'enseignement et l'étude de la religion,
de son histoire, de ses dogmes, des sources
d'où elle découle, de la morale fondée sur ses
croyances, occupe au moins deux heures de
classe par semaine dans toutes les classes ; et ces
deux heures sont distinctes des heures spéciales
qui sont consacrées à la préparation pour la
confirmation (élèves protestants) et pour la
la première communion (élèves catholiques)
Quant à la gymnastique, on en est venu à
n'en même plus faire mention expresse dans
les plans d'études, tant il est convenu qu'elle
est partie intrinsèque, sans qu'on le dise, de
tous les programmes. Les autorités scolaires se
bornent à mettre en note à la fin des index
(*Verzeichniss*) de distribution des heures de
travail : « **De** plus, deux heures de gymnastique pour chaque classe, comme il est
d'usage ». J'ai parlé de la salle de gymnastique
de l'institut Garnier. J'en ai vu une autre,
bien plus remarquable encore, à l'école Elisa-

beth de Francfort, école supérieure de filles.
Les deux belles salles de l'école Elisabeth sont
d'abord la salle des actes et des fêtes, ensuite
la salle de gymnase et de danse. Je ne sais pas
pourtant s'il ne faut pas encore plus estimer
et signaler les modestes appareils gymnasti-
ques des écoles primaires de village et de petite
ville. En beaucoup d'endroits, ils s'élèvent à
côté de l'école dans un espace non clos ; qui-
conque passe là, en dehors des heures de leçon,
et veut s'assouplir et se fortifier pendant dix
minutes, adolescent ou adulte, le peut faire.
Nous avons, nous, pensé à fonder des bibliothèques communales et scolaires, bien avant
de doter chaque village d'un appareil gymnastique, suffisant et à la portée de tous, chaque
chef-lieu de canton d'un tir à la carabine, d'une
société de tir, d'un maître spécial de gymnastique, de boxe et de canne. Nous possédions
déjà beaucoup de bibliothèques communales
en 1870. Je voudrais pouvoir dire que c'est la
bibliothèque communale qui a vaincu à Sedan.

Je ramasse maintenant tous ces traits divers :
l'élève ne s'instruisant qu'en classe ; la lenteur du développement de l'instruction dans
les écoles moyennes ; le partage égal des heures
de la journée entre les fonctions de la vie
ordinaire, le repos et les jeux d'une part, le
travail cérébral d'autre part ; la fréquence et
l'étendue des *féries* ; la sobriété de certains
enseignements, géographie, chimie, physique ;
la prépondérance du *Lesebuch* ; la gymnastique
et la religion, bases de la vie scolaire, et je
demande — sans me charger, d'ailleurs, de
me faire l'apologiste indistinct de l'école allemande — je demande si c'est bien l'école
allemande telle qu'elle est qu'on nous a peinte
si souvent depuis un quart de siècle, si c'est
bien elle que nous avons prise pour modèle
dans une série de réformes aussi inconsidérées
que bruyantes !

16.

CHAPITRE VIII

Choses militaires.

Autour d'un hussard.

.... A la fin, le lieutenant-colonel me jeta
un regard d'impatience. Je jugeai que j'avais
assez tourné autour de lui et qu'il était temps
d'arrêter mon inspection, si je ne voulais
m'attirer un colloque.

C'était un lieutenant-colonel de hussards.
Il prenait le café sur la terrasse de *Palmen-
Garten*, en écoutant l'orchestre qui jouait la
gavotte de Rech. Je parcourais sa personne d'un
regard avide et indiscret, et cela commençait
à l'agacer fortement. Soyons juste à son égard.
Il ne pouvait pas deviner le genre d'intérêt

supérieur qu'il m'inspirait, ni dans quel abîme de réflexions il me jetait sur le sujet de la nation française considérée par rapport aux hussards.

Après Sadowa, on a dit : « C'est le maître d'école prussien qui a vaincu à Sadowa ». Cette parole énorme, dont je ne me rappelle plus l'illustre auteur (est-ce M. Jules Simon? est-ce M. Victor Duruy?), a eu dans le temps autant de succès que, depuis, la belle phrase : « Ni un pouce ni une pierre ». Après la guerre de 1870, on s'est écrié : « C'est le panache et le galon qui ont été battus à Sedan ». Il s'est élevé alors chez nous toute une secte de réformateurs militaires, des presbytériens de l'uniforme et des quakers de l'ordonnance, pour enseigner que notre armée avait péri par les costumes de parade et que l'armée allemande avait triomphé à cause de ses pourpoints sans ornement et de la couleur austère de ses chausses. Cette belle explication fut acceptée par tout le monde sans contrôle. Les réformateurs se mirent à rogner et à supprimer. Ils ont retranché de l'armée, entre les années 1871 et 1874, tout ce qui lui donnait l'air aimable et sémillant, tout ce qui en était le luxe, la fête, la joie et le gai tapage. Ils ont arraché aux sapeurs leur bonnet à poil et leur tablier blanc; ils ont abattu le plumet du tambour-major et déchiré son baudrier, rutilant d'or et d'écarlate; ils ont brisé la lance polonaise avec sa flamme flottant au vent; ils ont fait tomber le bonnet d'astrakan des chasseurs à cheval, qui à lui tout seul contait si bien les choses exotiques et les pays parcourus au loin par les aïeux militaires. Vous jugez s'ils pouvaient épargner le hussard! Le hussard, ce masque et cette mascarade, avec le cliquetis de sa chabraque, avec son dolman pendu à l'épaule, avec le choc criard de ses couleurs éblouissantes, c'était lui, lui seul, à n'en pas douter, qui avait fait tout le mal. A bas, à bas ce cavalier d'opéra comique! A bas sa chabraque! A bas son dolman! C'est ainsi

que les réformateurs sont parvenus à doter
notre armée de ce type nouveau, inouï, ini-
maginable, le hussard mélancolique.

Soit, puisque la chose est faite! Ce qui
m'enrage, c'est que chaque fois qu'on démolit
en France quelque chose de bien français,
c'est avec la prétention de suivre et de copier
le modèle allemand. On a tout refait en
France, depuis vingt ans, à l'instar de l'Allemagne, l'école, le lycée, l'enseignement des
Facultés, le régiment, l'organisation militaire,
et, quand quelqu'un y va voir en Allemagne
même, il ne trouve absolument rien de ce que
nous nous piquons d'imiter.

Quel fringant hussard, relié en maroquin
et doré sur tranches, j'avais sous les yeux à
Palmen-Garten! Casquette bleu de ciel, large
bande rouge au-dessus de la visière, passe-
poils d'argent. Voilà pour la coiffure. Assez
diaprée, déjà, je pense, la coiffure! Dolman
bleu de ciel, culotte bleu foncé, collante;
bottes, collantes aussi, par-dessus la culotte,

avec ouverture élégamment découpée en pointes sur le devant et sur le derrière ; ces bottes semblent continuer la culotte et ne faire qu'un avec elle, tant elles s'y adaptent avec précision. Partout des ornements. Galon d'argent, ouvragé et broché, formant le collet du dolman ; pattes d'argent sur l'épaule ; riches brandebourgs d'argent sur la poitrine, chaque brandebourg se terminant par une houppette d'argent pendante ; baguettes d'argent lancées sur les coutures du dos ; bandes d'argent le long du pantalon qui courent par derrière se rejoindre au bas des reins ; ruban d'argent bordant l'ouverture des bottes. Qu'en dites-vous ? Trouvez-vous que ce soit assez de soutaches ? Les hussards de Chamboran, qui ouvrent le bal chez Mme Barras au troisième acte de *la Fille de Madame Angot*, ne sont pas plus chamarrés.

Je considère maintenant mon hussard de *Palmen-Garten*, au point de vue de l'effet pour le combat. Les enjolivures et les enluminures

de la veste ne l'empêchent pas de présenter
aux yeux la carrure de l'homme de cheval. On
se le figure sans peine chargeant rudement à
la tête de ses escadrons. Il est possible que ce
soit le maître d'école qui ait donné aux Prussiens la victoire de Sadowa. Mais, décidément,
ce n'est pas l'austérité du costume de ses hussards qui a procuré à l'armée allemande ses
succès de 1870 et 1871.

Fantaisie de marchand russe.

Nous sommes à l'*Hôtel des Princes*, dans
une petite ville, n'importe laquelle, des bords
du Rhin. Il est huit heures du soir. Je prends
le frais devant la porte. De l'autre côté de la
rue s'étend un jardin, annexe de l'*Hôtel des
Princes*. Il s'est peu à peu illuminé. J'aperçois
à travers le feuillage une table brillamment
servie. J'entends le tic-tac des verres, des
fourchettes et de la vaisselle. En même temps
que festin, il y a concert militaire, donné
par une musique que le chemin de fer vient

d'amener de la forteresse de Coblentz, distante au moins de quatre lieues.

Diantre! dis-je au directeur de l'*Hôtel des Princes*, vous avez donc ici un général inspecteur d'infanterie? — Non, réplique-t-il. — Alors, le président de la province en tournée? Un ministre de Berlin? Un prince de Prusse? — Mais non, mais non; pourquoi me faites-vous ces questions?— Mais ce dîner en musique? — Ce dîner? c'est un voyageur russe qui le donne. — Il faut que ce soit un Russe tout à fait de distinction. Un ambassadeur, n'est-ce pas? Un grand chambellan de S. M. le czar? — Rien de tout cela. C'est un jeune marchand de Moscou. Il s'appelle M. Voronine. — Et on lui envoie des musiques militaires de Coblentz pour égayer ses dîners!... Ah! je comprends!... Il est l'ami particulier du colonel, et il a invité à sa table l'état-major du régiment. — Il a à table seulement quelques Russes, sa femme et des amies de sa femme; il célèbre le premier anniversaire de

son mariage. Coblentz lui a adressé par le
train une musique militaire parce qu'il a
demandé cette musique et qu'il la paye. Il lui
en coûtera bien, rafraîchissements compris,
huit cents marks.

La musique y allait de tout cœur, harmonie
et rafraîchissements. Elle soufflait dans ses
bois et ses cuivres, et elle se rafraîchissait.
Passé minuit, elle se rafraîchissait et soufflait
encore; le dernier train qui dessert la petite
ville était parti, et cette nuit-là le commandant de place de *Festung Coblentz* aura manqué d'une musique à l'appel et au contre-
appel. Moi qui adore la musique militaire, je
ne plains pas l'argent de M. Voronine; j'en ai
eu pour ses huit cents marks. *Dragons de Villars, Carmen*, pot-pourri tiré des œuvres com-
plètes d'Offenbach, morceaux choisis d'Yra-
dié. Il a du goût, le *Kappelmeister!* Je veux
dire qu'il a le même goût que moi. Et des
marches! C'était vers minuit une orgie de
marches. Marche des *Volontaires* de Métra,

marche des *Tartares* de *Lodoïska*, marche du *Lohengrin*, marche de *Ragocski*, marche *Viribus unitis* de Strauss. Cette effusion macabre de pas redoublés attestait la forêt prochaine, les cieux et le fleuve que M. Voronine ne lésinait ni sur la bière ni sur le champagne des musiciens.

J'ai tant entendu parler du pédantisme militaire allemand ! Pourtant ce louage pour une nuit d'une musique militaire à un particulier d'origine étrangère, qui veut honorer madame son épouse en voyage, semblerait chez nous à toutes les autorités établies le renversement de l'Etat et la perversion de l'armée ! Qui est donc pédant, en ce point ? J'ai peur que ce soit nous. En Allemagne, le colonel qui prête sa musique à un civil moyennant finances considère deux faits : 1° qu'il en rentrera quelque chose à la caisse du régiment; 2° que le plus sûr moyen pour un orchestre militaire de recruter d'excellents artistes, c'est de leur faire gagner beaucoup d'ar-

gent. Ce n'est pas mal raisonner, je trouve.
Plus j'observe ainsi l'armée allemande dans
l'usage ordinaire des choses et par les surfaces
accessibles au profane, moins je découvre
dans sa direction cette raideur pédantesque et
vexatoire qu'on lui reproche. Inflexibilité
dans le service et dans les rites, pour ce qui
est nécessaire; le reste, abandonné au jugement
du chef de corps et du chef de compagnie; l'un
et l'autre pourvoient à ce qu'il n'y ait aucune
dépense d'effort inutile, l'un et l'autre laissent
sans difficulté les hommes jouir de toutes les
satisfactions et de toutes les occasions qui
n'atteignent pas le substantiel de la discipline
et de l'éducation militaire.

Oranienstein.

Par quel concours de circonstances me
trouvé-je en ce moment à Oranienstein, au
réfectoire de l'Ecole des Cadets, goûtant à leur
soupe aux knèfles, mangeant avec eux le petit
salé aux pommes de terre, buvant de leur

boisson, qui est l'eau limpide de la montagne?
Peu importe, j'y suis.

La salle à manger est bien éclairée, bien
blanchie et appétissante. Elle contient une
dizaine de tables, solides et larges. Elle est
commune à tous les cadets, dont l'âge varie
entre huit ans et dix-sept. Chaque groupe de
tables a son président, un élève qui surveille
le service, le presse ou le ralentit selon le besoin, et qui transmettra, s'il y a lieu, au capitaine semainier les plaintes de ses camarades.
Le capitaine de semaine, l'épée au côté, se
promène entre les tables et dans le couloir cen-
tral. A mesure que les domestiques apportent
les plats de l'office, le capitaine les inspecte;
il s'assure par lui-même de la qualité et de la
quantité. La nourriture et l'entretien des cadets est à l'entreprise d'un marchand de la
ville voisine de Diez. Le contrôle est donc nécessaire, et de plus il paraît efficace; un bon
fumet s'échappe des plats; le contenu s'y étale
avec abondance. C'est le capitaine aussi qui

maintient, pendant le repas, la discipline et la
concorde dans ce petit monde. La coutume
n'est pas ici, comme elle était de mon temps,
comme elle est sans doute encore, dans les
maisons d'éducation de France, de faire pendant le repas une lecture édifiante et une lecture classique sous prétexte de sauver l'ordre
et le silence en intéressant les commensaux.
Les enfants qui sont soumis à ce régime ne
causent pas entre eux, il est vrai; mais ils
n'écoutent pas pour cela le lecteur; ils ne
s'occupent que des plats et ils prennent l'habitude de manger avec gloutonnerie. Le repas
des cadets est animé de leurs conversations.
Ils ont toute liberté de s'épancher gaiement.
Si la gaieté devient trop bruyante, le capitaine frappe légèrement des mains et aussitôt
le ton général se rassied. Si un commencement de litige s'élève quelque part, résultat
d'une conversation trop vive, le capitaine
mande par-devers lui les disputeurs et incon-
tinent les apaise.

A la table des plus petits, tout à coup, le capitaine avise un bonhomme d'environ huit ans qui est évidemment dans une situation anormale; l'enfant n'a pas achevé sa soupe; il repousse les pommes de terre dont il est d'ordinaire très friand; il laisse tomber tristement sa fourchette dans l'assiette; une grosse larme glisse le long de sa joue. Le capitaine se porte vers la table. Il n'interroge pas le petit affligé, mais ses camarades. « Pourquoi, leur dit-il, celui-ci ne mange-t-il pas? » Le capitaine connaît les mœurs des enfants où la tribu tout entière est presque toujours responsable des chagrins d'un seul. Le petit qui ne mange pas fond alors en larmes. Il conte que ses camarades, conjurés contre lui, se refusent de plus en plus à le traiter en militaire sérieux; il viennent encore une fois de l'appeler *Pfœff- chen* (prêtraillon). Les autres sourient et baissent le nez sur leur assiette. — Quand le dîner sera fini, dit le capitaine, vous viendrez tous me parler. — Cependant le dîner touche à sa fin. Les présidents de table abordent l'un après l'autre le capitaine pour l'avertir, chacun en ce qui concerne sa partie de réfectoire, que l'importante opération s'est terminée à la satisfaction générale. Le capitaine fait un commandement. Aussitôt tout le monde est debout. Le capitaine se découvre. L'un des cadets vient se placer près de lui au milieu du réfectoire et il récite les *grâces*. Ces « grâces » ne tirent pas en longueur ; elles sont d'une brièveté militaire et d'un positivisme germanique. En voici le texte, facile à retenir : « *Gott sei Dank für Trank und Speise* ». Le cadet accentue avec conviction les mots *Trank* et *Speise*. J'en conclus qu'il n'est pas trop mécontent de son dîner spartiate.

Tandis que l'assistance se forme en pelotons et gagne les locaux de récréation, le petit *Pfœff-chen* et l'escouade coupable se présentent devant le capitaine pour le rapport et pour l'enquête. Le *Pfœffchen* est un Wurtembergeois à l'œil éveillé et à la mine morfondue.

Son père, major à la disposition, a obtenu pour lui une demi-bourse. Il n'est pas à l'école depuis plus de quatre mois. Si jeune, entre huit et dix ans, il a quitté papa et maman, le cœur bien gros, pour venir à Oranienstein revêtir l'uniforme de l'empereur et roi. C'est pour la vie! C'est comme une prise de voile! Ses parents, qui sont de pieuses gens, lui ont donné, au moment de la séparation, une Bible d'enfant, et ils lui ont bien recommandé d'en lire souvent les belles histoires en souvenir d'eux. Et il les lit! Et il se dérobe dans les coins, seul et farouche, avec sa chère Bible! Déjà deux ou trois fois, le capitaine a eu à défendre le pauvre enfant, dont les autres ont un peu de tendance à faire leur souffre-douleurs. Il ne prend pourtant pas un ton de sévérité et de rudesse. Il fait honte au petit dévot de ce qu'il rougit du nom honorable de *Pfarrer*, impliqué dans le diminutif *Pfœff-chen;* il remontre aux autres qu'il est mal de faire de ce nom respectable un objet de dérision; il les assure qu'on n'en est pas plus mauvais militaire parce qu'on lit la Bible, et en tout cas il entend que, sur ce sujet, chacun soit laissé tranquille ; tout cela sans hausser le ton, avec patience, avec sobriété dans le discours, sans l'ombre de pédantisme. Les enfants s'en vont l'air confus ; ils ne recommenceront pas. Le pédagogue, si doux et si mesuré, qui les a remis dans l'ordre, est soldat de la tête aux pieds. Il a près de vingt ans de service. Il a fait la guerre de France. Il était du corps et il est de l'école de Manstein, qui fut peut-être le plus rude à la fatigue et le plus exigeant pour les officiers et pour la troupe entre les généraux prussiens de l'an 1870.

C'est pour ce capitaine, le baron von D..., qu'on m'a donné des lettres à Francfort. Il veut bien me servir de guide dans une visite à l'établissement. Le royaume de Prusse possède quatre maisons de cadets comme celle-ci, *Kadettenhaus*, où dès la première enfance on se voue au métier militaire et à la carrière d'of-

ficier ; de plus, une école supérieure de cadets,
Kadettenschule, près de Berlin. Oranienstein,
où je me trouve en ce moment, était avant 1866
l'un des châteaux de plaisance du duc de Nassau, souverain de la plus délicieuse petite
principauté qui fut oncques au monde. Guillaume Ier a fait approprier Oranienstein pour
servir à l'éducation de ses futurs officiers.
Oranienstein est situé sur le haut d'une colline
forestière. C'est un édifice simple et vaste,
composé de trois corps de bâtiments à deux
étages, avec une belle cour d'honneur, un parc
aux épais ombrages, une ceinture de taillis et
de futaies. On y monte de Diez par un chemin
assez rapide, à travers bois, avec d'agréables
échappées de vue sur la ville voisine de Lym-
bourg et sa cathédrale. Une fois monté là-haut,
on se sent profondément retiré du monde.
Situation parfaite pour une maison d'éducation
et pour un couvent de novices militaires ! Une
verte pelouse s'étend devant la grille de la
cour d'honneur, entre le château et la forêt ;

elle sert aux cadets de champ de récréation et de gymnastique. Ils s'y meuvent en
pleine nature et en plein flot d'air respi-
rable.

Le programme d'études d'Oranienstein
comporte le latin sans le grec. Il rappelle par
ses lignes générales le programme d'un *Realgymnasium* civil ou d'un *Prorealgymnasium*.

Les cadets portent l'uniforme de simple
soldat de l'infanterie prussienne, avec la casquette, sans le casque à pointe et sans le briquet ou sabre-baïonnette, *Seitengewehr*. Ce qui
est l'objet propre de l'école, ce n'est pas,
comme on pourrait le croire, d'enseigner aux
cadets la technique, même simplement rudi-
mentaire, du métier de soldat, c'est de bien
pénétrer l'éducation civile qu'on leur donne,
l'instruction générale, littéraire et scientifique
qu'ils reçoivent, de la pensée spéciale qu'ils
auront l'honneur de passer leur vie, sous les
armes, au service de la patrie allemande et de
l'empereur allemand ; c'est de développer chez

eux l'esprit militaire et l'esprit officier en même
temps et par la même méthode graduelle que
l'esprit des lettres et l'esprit des sciences. A
Paris et dans nos départements, on voit maintenant les élèves des écoles primaires défiler et
évoluer par les rues, l'arme sur l'épaule. A
Oranienstein, parmi ces adolescents qui con-
tiennent dans leurs rangs de futurs colonels,
de futurs généraux de brigade et de division,
de futurs commandants d'armée, on ne trouverait pas un seul fusil, même de bois. Leurs
chefs et leurs maîtres se tiennent pour satis-
faits, ils croient avoir bien préparé à la carrière qui sera la leur les enfants confiés à leurs
soins, si ceux-ci, après sept ou neuf ans de
séjour à l'école, ont appris à porter avec une
élégance martiale la tunique de soldat, à garder la cadence du pas, à maintenir leurs dis-
tances, à faire d'une façon irréprochable le
salut militaire, à laisser deviner par leurs
gestes, leurs manières, leur ton de parole
qu'ils sont indubitablement étoffe d'officiers

et de *gentlemen*. Les mouvements de l'école de compagnie qu'on leur fait exécuter à la grosse ne prennent d'importance aux yeux des chefs qu'autant qu'ils permettent d'apprécier les progrès de chaque élève dans l'art du maintien et les résultats généraux produits par l'étude de la gymnastique. Si le sabre, la baïonnette, le fusil sont choses inconnues à Oranienstein, le portique, le trapèze, la barre fixe et la corde à nœuds y sont des instruments familiers et quotidiens. Si l'école de bataillon et les évolutions de ligne n'y ont point encore pénétré, la gymnastique de gestes, dans laquelle on comprend les diverses positions de la danse classique, y est rigoureusement pratiquée.

Tous les élèves d'Oranienstein appartiennent à l'Eglise évangélique. Les cadets qui professent la religion catholique sont concentrés dans un autre établissement. Une école de cadets a donc, au moins de fait, ce caractère qu'elle est confessionnelle. La journée commence par un exercice religieux. Dès le lever

ou à peu près, les cadets se rendent à la chapelle. Le ministre de l'Évangile, attaché à
l'école, dit la prière; il lit à l'occasion et commente quelques versets des livres saints; après
quoi, les élèves se rendent dans les classes. Je
n'ai pas l'intention, vous le pensez bien, de
descendre dans le détail des matières d'enseignement ni dans celui de la distribution des
heures d'étude et de classe. Je veux seulement
signaler un point de pédagogie sage, original,
admirable, dont tous les internats d'éducation
pourraient faire leur profit. Cinq ou six fois
par mois, et plus, en dehors du dimanche et
des heures ordinaires de récréation et de promenade, pendant trois et quatre heures de
l'après-midi, les cadets, tous les cadets, les
plus petits comme les plus grands, sont laissés
libres de se livrer à l'occupation qui leur plaît.
Si même ils préfèrent ne pas s'occuper du
tout, ils le peuvent. Ce dernier cas se présente
rarement. Quelques-uns d'entre eux s'en vont
bien d'abord s'ébattre sur la pelouse, devant

le château, ou y rêver, étendus *patulæ sub tegmine fagi;* ils finissent toujours par se mettre à un travail ou à un exercice quelconque. L'un se lance à plein corps dans la gymnastique; un autre se fait apporter des cartes de géographie, les lit et les dessine. Celui-ci dévore un livre d'histoire; celui-là s'en va au cabinet de physique; les plus avancés en âge demandent à la bibliothèque de l'établissement quelque ouvrage à leur portée sur l'art militaire ou la description des guerres. J'ai vu un bambin de douze ans, enfoncé dans la botanique, science qui n'a pas beaucoup de rapports avec la tactique et la stratégie. Il avait formé le projet de mettre dans son herbier toute la flore du Nassau. A Oranienstein, d'ailleurs, on ne réunit pas les élèves par cinquante ou par vingt dans les salles d'étude. Chaque groupe de trois, quatre ou cinq cadets, selon l'âge, possède à sa disposition une pièce à part; chaque élève du groupe a dans cette pièce sa table, à lui, spacieuse, et une armoire suffisante où il met ses papiers, ses livres, ses dessins, ses ustensiles de travail. Cette distribution des salles d'étude rend bien commode à chaque élève l'usage des heures qu'on laisse à sa pleine et entière discrétion, et cette liberté absolue de certains après-midi est bien propre à assouplir de jeunes cerveaux, à y verser la gaieté intellectuelle, à leur faire sentir le prix et le bonheur du travail volontaire et solitaire. En cette conjoncture encore, nos lecteurs remarqueront combien en Allemagne la rigidité, même militaire, sait à l'occasion se plier et se détendre, combien il arrive souvent que la ponctualité, imposée par les règlements, laisse d'échappées salutaires à l'initiative et à la fantaisie individuelles.

Nous ne possédons en France, pour la préparation à longue portée et pour le recrutement des officiers, aucun établissement scolaire équivalent aux maisons de cadets du royaume de Prusse et de l'empire d'Allemagne. Nous en avons possédé plus d'un, sous les rois, avant 1789. Rien de semblable n'existe plus chez nous depuis la Convention et Napoléon Iᵉʳ. On va m'objecter sans doute le Prytanée militaire de la Flèche. Cette maison célèbre est fondée sur de tout autres principes que les maisons de cadets prussiennes; et je tiens pour erronés les principes sur lesquels elle est fondée. D'abord, le collège militaire de la Flèche est le seul de son espèce en France; c'est là plutôt déjà un inconvénient qu'un avantage; tout au contraire, en Prusse, il y a trois autres maisons de même genre qu'Oranienstein. Le collège de la Flèche est exclusivement destiné aux fils de militaires en activité et aux fils d'anciens officiers. Par conséquent, la Flèche écarte les vocations qui pourraient venir du civil. On n'y trouve guère que des boursiers et des demi-boursiers. L'école de cadets prussienne admet tout enfant, que sa famille, même civile, destine dès le bas âge à la carrière d'officier; à

18.

condition, toutefois, que la famille soit de mœurs et de situation honorables, qu'elle paye de ses deniers la pension nécessaire, qu'elle fournisse présomption suffisante qu'il lui est possible de subvenir aux frais d'une longue éducation. Il y a donc dans les écoles de cadets prussiennes un nombre notable d'élèves payants, sortis du civil. Les concessions de bourse entière ne sont pas fréquentes ; il y a un plus grand nombre de demi-bourses ; ce qui domine, ce sont les quarts de bourse. Les rois de Prusse, on le sait, n'ont jamais été donnants, et le gouvernement prussien a toujours répugné jusqu'à ces derniers temps au système de l'instruction gratuite, en quelque genre que ce soit. L'instruction bien appropriée est, en effet, une marchandise précieuse et une propriété de rapport qui vaut qu'on l'achète. Enfin, dernière et capitale différence, l'élève de la Flèche n'acquiert, par de longues années passées au Prytanée sous la discipline et l'habit militaire, d'autre droit que celui de concourir, avec tous les Français généralement quelconques, pour se faire recevoir à Saint-Cyr ou s'y faire refuser. Échoue-t-il au concours? Il faut qu'il cherche un autre métier; le temps passé à la Flèche ne lui sert de rien; voilà une valeur perdue! L'élève de la maison de cadets prussienne, s'il s'est bien conduit, s'il a rempli son cycle d'études, s'il a satisfait aux examens de maturité de son école — lesquels n'ont ni peu ni prou le caractère d'un concours, — est admis dans un régiment à titre de *Fahnrich*, c'est-à-dire d'officier élève. Après une pratique plus ou moins prolongée du métier militaire, poursuivie sous l'œil des chefs, il entrera sans concours dans une *Kriegschule* (école de guerre), et ensuite il n'aura plus qu'à attendre, toujours sans concours et avec une certitude parfaite, la lieutenance, qui ne lui peut manquer et à laquelle il a pensé tous les jours de sa vie depuis l'âge de dix et de huit ans. On voit que ce n'est pas du tout le même mécanisme qui fonctionne pour l'élève de la Flèche et pour le cadet des écoles prussiennes. Je préfère et de beaucoup, et sans hésitation, le mécanisme prussien, qui n'est d'ailleurs que l'ancien mécanisme de France avant 1789.

A Oranienstein, les professeurs sont indifféremment civils ou militaires, plutôt civils. La discipline et la direction morale ne sont confiées qu'à des militaires qui appartiennent tous à l'état d'officier. A la tête de l'école est un officier du grade de major, mais qui pourrait y rester en qualité de lieutenant-colonel. Les cadets sont distribués en compagnies dont l'effectif maximum ne doit pas dépasser le chiffre de cent dix ou cent vingt. Chaque compagnie est dirigée par un capitaine, aidé d'un premier et d'un second lieutenant. Le premier et le second lieutenant suffisent à exercer la surveillance des élèves et des dortoirs. Nul subalterne, *Feldwebel* ou adjudant sous-officier, n'a autorité sur les élèves. Officiers seront ceux-ci; c'est à des officiers seuls qu'on réserve la tâche délicate de faire naître en eux et de développer le sentiment de l'honneur et de la vertu militaire. Le baron von D... m'explique encore tout cela, au moment où je prends congé de lui sur la pelouse. Je m'éloigne charmé de tout ce que j'ai vu et en même temps un peu triste. Je vois toujours ce gentleman qui est de vieille noblesse silésienne, qui a assisté aux batailles de Metz et de la Loire, qui a l'expérience du monde et celle de la guerre, et qui dans la force de l'âge et dans la maturité de son intelligence, s'emploie si simplement, si doucement, si modestement, à diriger des enfants, à apaiser leurs disputes, à former leur moral; et en même temps j'évoque l'image du « maître d'études » qui dans nos lycées remplit la même fonction que le capitaine baron von D... à Oranienstein.

CHAPITRE IX

A Ems. — Guillaume Ier.

D'Oranienstein à Ems, on ne fait qu'un saut. Ems est un lieu de cure tout à fait sérieux; la petite ville est profondément encaissée dans la partie la plus étroite de la vallée de la Lahn. Il paraît qu'on s'y peut plaire à la longue tout autant qu'à Bade et à Hombourg. Une pittoresque promenade de montagne surplombe la ville sur la rive gauche de la rivière. On franchit par une route romantique le court trajet qui sépare Ems de Nassau; ce sont là des distractions appréciables. Mais le Casino en pierres grises a l'aspect lourd et triste; la source où l'on

boit fait l'effet d'un dispensaire dans une
cave; on se croit malade rien qu'à regarder
le lieu lugubre où l'on se traite. Jolies fontaines de Hombourg, fraîches et élégantes
Naïades dans un jardin de Circé, où êtes-
vous?

Ems est l'un des séjours qu'affectionne
l'Empereur Guillaume. Il y vient tous les
ans. Il y était encore avant-hier. Quand il
vient, il descend tout bonnement au Casino;
il y occupe au premier étage, à l'angle d'un
pavillon principal qui fait saillie, un appartement de six fenêtres, dont trois donnent sur
la rivière, et trois sur la place. Il le loue tout
juste pour le nombre de jours qu'il doit passer
à Ems; le Casino lui sert ses repas à lui, aux
personnes de sa maison, à ses invités, moyennant dix marks par tête, pas un pfennig de
plus. C'est ici que Guillaume se trouvait en
juillet 1870, lorsque la guerre a éclaté. C'est
ici que M. Benedetti lui a apporté, dans la
matinée du 13, le cartel extravagant de

M. de Gramont. A l'endroit de la promenade où M. Benedetti l'a abordé pour tracer
autour de lui son cercle de Popilius, on a
fixé à ras le sol une plaque de pierre avec
cette inscription :

13 juillet 1870
9 uhr, 10 minute
Morgens.

A cet endroit précis et en ce moment précis
est né le nouvel empire allemand. Cette dalle,
que le passant foule aux pieds, n'est pas le
monument le moins superbe de l'Europe.

Quand je contemple cette pierre fatale et si
modeste, j'enrage de penser que de retour à
Paris, j'y trouverai, au rond-point de Cour-
bevoie, dominant l'avenue par laquelle l'armée allemande a mené le 1er mars 1871 son
entrée triomphale dans nos murs, une fas-
tueuse statue symbolique, la Ville de Paris,
l'épée à la main, en capote de garde nationale, qui se tourne d'un air de défi vers un
ennemi invisible et semble lui crier : « Tu

n'iras pas plus loin ». Sans compter que probablement, je lirai dans nos gazettes, à propos des manœuvres d'automne, quantité d'articles où l'on persiflera le militarisme allemand et où l'empereur allemand sera qualifié sans façon de sergent Dumanet, ni plus ni moins. Sergent Dumanet, si l'on veut ! D'Ems, 13 juillet 1870, à Paris, 1er mars 1871, le sergent Dumanet, malheureusement pour nous, n'a pas trop mal conduit son escouade. Oserai-je essayer de fixer pour mes compatriotes, dont les préjugés sont si lents à se dissiper, la figure vraie de l'empereur Guillaume Ier?

Deux types de roi, en Europe, ont été supérieurs : le roi de France et le roi de Prusse, le Capétien et le Hohenzollern. Deux races royales, celle de Hugues, comte de Paris, et celle de Frédéric, burgrave de Nuremberg, ont présenté ce miracle constant de toujours produire le juste roi pour le juste moment. Guillaume Ier est venu en son temps. Avec lui commence l'empereur d'Allemagne; avec lui finit le simple roi de Prusse. Avant que disparût pour jamais ce composé original de la chimie historique : le roi de Prusse, il fallait que l'Europe vît au moins une fois réalisé, sous ses yeux, le roi de Prusse idéal, l'absolu roi de Prusse, le *Stockpreussenkœnig*.

Frédéric II n'a pas été ce roi de Prusse sans mélange; c'était un grand tacticien et un grand stratégiste; c'était aussi — et en cela se déploie le Prussien — un grand manœuvrier, un grand recruteur, par toute l'Europe, de grenadiers et de généraux, un grand inspecteur de linge et chaussures, un grand économe. Ses actions caractéristiques, la marche sur Breslau en 1740, la marche sur Dresde en 1756, la foudroyante occupation de la Prusse royale en 1772, sont bien, comme la marche de Minden sur Hanovre en 1866, des *facinora* à la prussienne, de ceux dont un bon juge d'instruction de l'histoire, s'il était possible qu'on ne vît que l'action et qu'on

ignorât l'auteur, dirait, au seul aspect des
pièces de conviction : « C'est le Prussien qui
a fait le coup. » Mais Frédéric II échappe
par trop de côtés à sa race ; il tient trop de
choses de son propre génie et de sa propre
humeur ; ce n'est ni un Prussien convaincu,
ni un *infanterist* sans péché. Il aimait à
tirer des bordées hors de sa caserne de Berlin,
et à devenir à ses heures ce qu'Henri Heine
a si joliment appelé « un Prussien libéré » ;
entre souper avec Voltaire et s'en aller manger
la saucisse nationale dans quelque *restau-*
ration du côté d'*Invalidenhaus*, il n'hésitait
pas ; il désertait vers Voltaire. Il avait calqué
sur Versailles son Potsdam et les jardins
de Sans-Souci ; il écrivait de petits vers
français superficiels et plats, et il ne lisait
jamais les vers allemands, déjà si pénétrés et
si intimes ; quand on lui parlait d'une « nation
allemande » et d'un « empire d'Allemagne »,
c'était pour lui des entités abstraites dont il
faisait autant de cas que de la république de

Pologne ; enfin, il n'était pas piétiste ; son indifférence s'étendait jusqu'à recueillir les Jésuites dans ses États, moins pour se mettre bien avec eux que pour narguer tout ensemble Rome et Genève. Frédéric-Guillaume Ier n'a pas été non plus le roi de Prusse idéal, quoiqu'il ait été le plus haut en couleur ; amant fanatique de l'*Exercierplatz*, on l'a surnommé le roi caporal ; mais il a volé la moitié de son nom ; il était vraiment trop caporal et pas assez roi.

Guillaume Ier, seul, aura été le roi de Prusse achevé. Il n'est pas le fils de son propre génie. Il est un produit pur de la discipline prussienne et de la discipline particulière à la maison royale de Prusse, qui est comme la quintessence du prussianisme. Sans cette discipline, Guillaume Ier n'eût été qu'un roi comme un autre ; qui sait même si, sans elle, il eût atteint l'âge où il est parvenu ? Ce robuste soldat, le premier de son armée par sa prestance et son allure, ce vieillard qui, à plus de quatre-vingt-cinq ans, se tenait encore à cheval aussi droit qu'un cadet nouvellement promu à une lieutenance, était né faible et maladif; sa croissance a été lente; on crut longtemps qu'il ne grandirait pas. Il a grandi au commandement. La discipline royale de Prusse se compose de deux espèces de devoirs : le devoir religieux et le devoir militaire, la loi protestante et le règlement. Un prince prussien naît avec le hausse-col et meurt avec le casque, pendant qu'un *Consistorialrath* lui prêche l'Évangile. Lorsque Athalie, dans la tragédie de Racine, demande à Joas : « Quels sont donc vos plaisirs? » Joas répond :

> .... Quelquefois, à l'autel,
> Je présente au grand-prêtre ou l'encens ou le sel ;
> J'entends chanter de Dieu les grandeurs infinies ;
> Je vois l'ordre pompeux de ses cérémonies.

Les joies d'enfance d'un prince prussien ont le même degré de saveur. Il voit l'ordre pompeux des régiments de la garde, et quelquefois, à la parade, on lui permet de défiler dans

19.

le rang. A peine sort-il des mains des femmes, qu'il passe dans celles d'un sergent-major. Le jeune Guillaume, ou, comme on disait par abréviation, le jeune Willi, n'avait pas sept ans, il portait encore la culotte à mi-jambes et la camisole à collerette de dentelle, quand il eut le bonheur d'être présenté au très honorable sous-officier porte-épée Bernstein, instructeur pour l'école de peloton. Et, tout aussitôt, en avant, marche! Il lui faut apprendre sans tarder la haute valeur des mots : « *Rechts — Links — Vorwærtz — Abwærtz* », et contracter le pas contondant, raide, cadencé, qui est le fond de l'art militaire en Prusse, comme *Goddam* est le fond de la langue anglaise. A sept ans, il éprouve sa première surprise délicieuse; un matin en se levant — c'était sans doute un matin de Noël — il trouve sur son prie-Dieu un costume complet de hussard. A neuf ans on y ajoute le costume de uhlan, pour le récompenser de son zèle à l'exercice, où il primait son frère aîné, celui

qui l'a précédé au trône sous le nom de Frédéric-Guillaume IV. C'était en 1806, un peu
avant ou un peu après Iéna. La date donne
son sérieux à cette promotion d'un enfant de
neuf ans de l'uniforme de hussard à celui de
uhlan. L'année suivante, à Memel, où s'était
réfugiée la famille royale, le roi lui accorde la
patente de *Fahnrich*, non sans lui faire un beau
discours sur l'insigne honneur qu'il reçoit.
En 1807, incorporé dans la gardé à pied, il
assiste à son rang de bataille à sa première
revue ; dès lors (il a onze ans), il prend part à
tous les exercices de son bataillon et il en suit
les marches de Memel à Kœnigsberg, de Kœnigsberg à Berlin.

Il était en 1813 second lieutenant et il avait
seize ans. C'est l'âge et le grade des langueurs
vagues et des tristesses poétiques. La nuit, le
jour, le cœur soupire. Dans l'armée allemande, l'amour a un nom pittoresque et charmant. On l'appelle « la mélancolie de second
lieutenant ». Le second lieutenant Willi eut

la sienne à sa manière; on fit partir son aîné pour les bataillons de guerre, et on le laissa lui-même au dépôt. Ce fut un chagrin, une *Sehnsucht* profonde. Il se dévorait pendant que les autres faisaient rage à Gross-Gœrschen, à Bautzen, à Leipzig. On crut le consoler en le nommant premier lieutenant. « Comment peut-on m'avancer, s'écria-t-il avec emportement, quand on me laisse au coin du feu! » Vrai cri de Hohenzollern, pour qui les grades ne sont pas des ornements royaux! Il allait sérieusement tomber malade, lorsqu'il reçut sa patente de capitaine, avec l'ordre de rejoindre l'armée.

C'était alors un officier accompli, dont l'intelligence et la vertu militaires frappaient tous ses chefs. A Bar-sur-Aube, il se jeta au plus chaud de l'affaire. Il commandait sur le champ de bataille avec le même sang-froid que sur le terrain d'exercice. Après le combat son colonel lui serra silencieusement la main; la croix de fer et la croix de Saint-Georges, toutes deux réservées « à l'intrépidité », vinrent ensuite. Le 31 mars 1814, en ce jour fatidique de notre histoire où Paris, jusque-là inviolé à travers les âges, vit entrer pour la première fois dans ses murs l'armée prussienne qui devait y défiler triomphalement deux fois encore en un demi-siècle, le capitaine Willi se tenait à cheval, fier et modeste, derrière l'empereur Alexandre et le roi Frédéric-Guillaume III. Il venait d'atteindre sa dix-septième année. Il avait pris part à cinq batailles. Pendant ce temps, les exercices allaient leur train, exercices en partie double : les uns pour l'instruction de sa compagnie, auxquels il présidait lui-même, les autres, pour sa propre instruction, où, sous l'œil des généraux il apprenait la conduite et le commandement, tantôt d'un bataillon et tantôt d'un régiment. Il fut fait major. Il était major, il marchait vers sa dix-neuvième année, avant que la profession militaire lui eût permis d'accomplir le grand devoir religieux du jeune protestant, qui est de se présenter à la confirmation. Il put enfin, en revenant de Paris, prononcer sa confession de foi publique, à la chapelle de Charlottenburg. On en a gardé le texte. C'est la déclaration d'un chrétien fervent et d'un honnête homme; il s'y trace le programme futur de sa vie. « Je saurai, dit-il, entre autres promesses, récompenser le mérite et surtout mettre en pleine lumière le mérite caché. » Le prince qui a trouvé Roon, Bismarck et Moltke, sans compter Blumenthal, Gœben et Werder, a assez bien tenu sa promesse. Relevons encore l'engagement suivant du major catéchumène; c'est la marque du cru : « Je ferai toujours mon service avec la plus grande ponctualité et je saurai prendre sur moi de punir mes subordonnés quand ils manqueront au règlement. » Ceci solennellement déclaré, paraphé et signé, à la Sainte Table, par-devant le Seigneur, le 8 juin 1815. Voilà le Prussien; voilà la Prusse. C'est Bismarck, si je ne me trompe, qui avec son esprit d'enfer, disait un jour à un personnage de marque de la Hesse ou du Hanovre, pour le consoler de l'annexion de son pays : « La Prusse, voyez-vous, c'est un gilet de flanelle. Ça gratte d'abord désagréablement ; mais c'est sain et ça tient bien à la peau. » Quand le petit Willi revint de Paris, en 1815, prince Wilhelm, major et chevalier de la Croix de Fer, c'était fini. La flanelle y était, et pour toujours.

A partir de ce moment, la vie du prince Guillaume n'est qu'une longue et assidue préparation au métier de chef d'armée et de chef d'un empire militaire. Depuis l'année 1815 jusqu'à l'année 1840, où il devient général d'infanterie ; jusqu'à l'année 1849, où il commande le corps d'opération envoyé contre les insurgés badois ; jusqu'à l'année 1858, où il devient prince-régent, — ce ne sont que commandements intérimaires de bataillon et de régiment, en vue de repasser les exercices de régiment et de bataillon ; voyages fréquents à Pétersbourg et à Varsovie, en vue d'étudier l'armée russe ; commandements de corps d'armée, avec résidence fixe au milieu d'eux ; gouvernements de forteresses fédérales ; inspections générales de troupes d'infanterie et de cavalerie ; manœuvres d'automne ; direction à Berlin, de tout ou partie de l'administration militaire centrale ; rédaction de règlements et d'instructions pour la cavalerie par escadrons ou par masses ; revision des règlements pour le service de l'infanterie ; adaptation à l'armée prussienne des ordonnances françaises du temps de Napoléon ; commissions pour l'uniforme, pour l'équipement, pour l'avancement des officiers. De temps à autre, par manière de distraction, un synode de pasteurs à présider. De telle sorte que, quand il est enfin couronné roi de Prusse, en 1861, aucune des parties du service, — ni les détails, ni les grandes divisions, ni l'ensemble, — ne lui est inconnue. Il les a toutes pratiquées et expérimentées personnellement.

Les rois de Prusse ont été absolus ou constitutionnels. Ils ont aimé la guerre ou ils ont été pacifiques. Tous ont toujours gardé par-devers eux le commandement direct et l'administration immédiate de l'armée. Le cabinet militaire du roi domine ou contrôle tout à la fois le ministère de la guerre et le grand état-major général. Par lui, le commandement, qui réside dans la personne du roi, est bien en réalité le commandement. Il ne se délivre pas un brevet, de quelque grade que ce soit, que le roi n'en fasse un examen particulier avant de le signer. C'est là une manière de procéder qui, dans une époque de révolution comme la nôtre, donne bien de la sûreté au monarque et bien de la solidité à la monarchie. Un roi de France est avant tout un roi civil ; il est avant tout faiseur d'ordonnances et législateur ; il n'en oublie jamais la fonction, même quand il est, comme François Ier, amateur insatiable de chevalerie et de batailles, même quand il tient tout de son épée comme Bonaparte. Un roi de Prusse est avant tout un roi militaire; il en garde le caractère, même quand il n'a de goût que pour les lettres les arts et les sciences comme Frédéric-Guillaume IV. Il est *Feldherr*, expression intraduisible en français qui suppose entre le chef suprême de guerre et l'armée une confraternité sacrée des armes, une religion inviolable par laquelle le dernier soldat est lié au roi, à peu près comme le *leude* et le *fidèle* l'étaient, dans l'antique Germanie, au chef de tribu. Aucun roi de Prusse, par ses aptitudes et ses goûts, n'a été mieux fait que Guillaume Ier pour soutenir ce caractère de *Feldherr*.

Ce qui était devoir pour son prédécesseur, Frédéric-Guillaume, est sa nature à lui; sous l'uniforme, il a vécu quatre-vingt-sept ans, il eût dépéri sous le frac. Il estime au même degré et il serait capable de remplir avec la même perfection et le même contentement tout ce qui est office de soldat, depuis généralissime jusqu'à *Feldwebel*. Un *Feldwebel* n'a pas plus de simplicité militaire que lui. J'ai séjourné à Berlin, après la guerre de 1866. Cette ville est Athènes et Sparte. On sort du Musée; on vient d'y admirer des peintures murales d'une délicatesse et d'une pureté inouïes; on tombe dans une rue qui s'appelle *rue du Commandant de place* ou *rue des Dragons*. On voit un tilbury qui descend la grande allée d'*Unter den Linden*, conduit par un traban; sur le tilbury se dresse un officier en petite tenue, sanglé selon l'ordonnance dans sa tunique et dans son col noir comme s'il faisait une ronde. Tout le monde le connaît; il a l'air de connaître tout le monde : c'est le roi, c'est l'empereur. Il ne fait pas de ronde : il vient de se délasser au Thiergarten. A Babelsberg, qu'il a créé et qui est son séjour favori, il y a un ou deux cabinets tapissés de gravures coloriées représentant tous les uniformes de l'armée. Sa grande distraction artistique est de contempler ce musée d'Épinal. Sa chambre, à Potsdam, paraîtrait trop nue à un volontaire d'un an ; une couchette de fer, une table de travail, des rideaux de cretonne unie, et c'est tout. Le palais qu'il habite à Berlin, *Unter den Linden*, n'a la façade ni d'un palais, ni d'un hôtel, mais d'une maison confortable. On accède par un perron de quelques marches à une porte qui a tout au plus la largeur d'une porte cochère ordinaire. Souvent, à l'heure de la garde montante, les promeneurs aperçoivent l'empereur, derrière une fenêtre du rez-de-chaussée, la figure collée contre la vitre, qui suit curieusement le tableau mobile des allants et des venants sous les Tilleuls. Le regard est le regard reposé d'un vieillard qui a conscience d'avoir bien et honnêtement travaillé la rude journée de la vie. Ce regard tout à coup devient vif et s'aiguise : c'est le tambour qui bat et un régiment qui passe. L'empereur salue le régiment, ou plutôt il le couvre et l'inspecte tout entier d'un seul coup d'œil ; les soldats saluent l'empereur ; d'eux à lui, on sent qu'il n'y a qu'une âme.

Ce n'est pas cependant un reître buveur de bière et chanteur de psaumes comme Frédéric-Guillaume Ier. C'est un roi. Le caractère prédominant de *Feldherr* n'a pas chez lui étouffé les autres ; tout religieux et tout biblique que soit l'empereur Guillaume, il n'a cessé de protéger et d'étendre les libertés de la science allemande. Un grand bon sens acquis lui a toujours permis de voir juste et de se tenir en équilibre au milieu des révolutions et des réactions. Il était, en 1848, déjà converti aux idées constitutionnelles quand Bismarck, emporté par sa nature excessive, n'était encore que le plus rétrograde des rédacteurs de la *Kreuzzeitung*. Grâce aux premières et ineffaçables leçons de sa mère, l'héroïque et spirituelle reine Louise, grâce aussi à son union avec la princesse Augusta de Saxe-Weimar, la jeune amie de Goethe, l'une des plus distinguées parmi les femmes d'Europe

qui ont eu vingt ans à l'heure privilégiée de
1830, l'empereur Guillaume a toujours su se
donner l'intelligence réfléchie des belles choses
dont il n'a pas le goût. C'est pourquoi son
règne aura été illustre en plus d'une direction.
Il serait bien inutile et il serait trop doulou-
reux que je résume en ce moment ce règne.
Nous ne le connaissons tous que trop depuis
l'assaut de Düppel jusqu'à la journée du 18
janvier 1871. Ce jour-là, à Versailles, dans
la galerie des Glaces, parmi les chants, les
hymnes et les acclamations des princes, des
généraux et des soldats, au bruit des obus
tombant sur Paris, Guillaume Ier, cent soixante-
dix ans, jour pour jour, après le couronne-
ment de l'Électeur Frédéric III comme roi de
Prusse à Kœnigsberg, se faisait solennellement proclamer empereur d'Allemagne. En
ce moment suprême, s'est-il souvenu tout à
coup du lointain passé ? A-t-il revu en quelque vision rapide et instantanée sa pauvre
mère fuyant vers Memel devant Bonaparte et

les Français, mourant presque de froid et de besoin avant d'arriver dans la triste forteresse, consumée ensuite et tuée par la lente douleur de Tilsitt? S'est-il rappelé la reine Louise arrivant d'Iéna ; lui, courant à sa rencontre avec l'heureux sourire de l'enfance ; elle, criant avec un sanglot: «Mes enfants, il n'y a plus d'armée prussienne! » et tout de suite ajoutant : « Pleurez, mes enfants, mais ne pleurez pas seulement; sauvez un jour votre peuple ; vengez un jour la Prusse! » Iéna! Memel! Wilhelmshœhe! Versailles! Quel drame peut être jamais plus dramatique que l'histoire toute simple ?

Nous ne croyons pas que, dans les temps modernes, il existe d'exemple d'un autre homme que l'empereur Guillaume Ier qui, n'ayant été ou n'ayant paru jusqu'à l'âge de soixante-dix ans qu'un personnage ou un prince de second rang, soit tout à coup, à cet âge, entré en pleine gloire. C'est entre soixante-dix et quatre-vingts ans que Guillaume Ier a gagné des batailles, conquis des provinces et fondé un empire. Le phénomène est unique. Né avec des facultés ordinaires, Guillaume Ier s'est trouvé prêt à être un grand homme et un grand roi, en accomplissant pendant soixante années avec une exactitude irréprochable ses devoirs quotidiens de soldat, de prince et de roi. Ce qu'on ignore le plus, en France, de son règne et de sa personne, c'est l'éducation par laquelle il s'est formé et c'est l'œuvre qui lui a été personnelle : nous voulons dire la réforme du service militaire prussien. Seul, il a conçu, voulu, préparé cette réforme, sans laquelle rien de ce qui a été fait par la Prusse, de 1862 à 1871, n'eût été possible. Il a travaillé pendant quinze ans à bien persuader l'état-major de l'armée, puis l'armée elle-même, puis les Chambres et la nation, que le soldat de trois ans et le soldat de quatre ans sont des outils supérieurs au soldat d'un an. Il a écrit ou prononcé là-dessus, sans se lasser d'aucune résistance, quantité de notes, de mémoires et de discours. Il a triomphé de son peuple avec sa persévérance, avant de vaincre de puissants voisins avec le soldat de trois ans inventé par lui. Moltke et Bismarck ont retenti plus que lui dans la renommée ; le vulgaire ne voit qu'eux et leur génie, et il n'est disposé à en rapporter aucun honneur au souverain qui les a choisis pour ses collaborateurs et ses lieutenants. Certes, M. de Bismark a combiné et exécuté des desseins politiques d'une immense difficulté, et, pour les accomplir, Guillaume Ier ne lui a prêté que son royal appui. Mais il le lui a prêté sans réserve. Ce qui fait les Bismarck, c'est les Guillaume. Qu'aurait pu M. de Bismarck sans le roi attentif et de bon sens qui l'a deviné, sans le roi au cœur ferme qui l'a défendu et maintenu envers et contre tous, sans le roi exempt de jalousie qui ne s'est pas offusqué de la gloire et de la toute-puissance d'un sujet ? Bismarck a agi ; le roi l'a laissé agir. Un roi pareil est l'auteur, autant que Bismarck, de la grandeur de la Prusse. Si même on nous demandait quel est le plus grand, du ministre qui a fait de si grandes choses ou du roi qui l'a laissé faire, nous n'hésiterions pas, nous répondrions : « C'est le roi. »

CHAPITRE X

**Strasbourg en 1884. — Les gens.
La ville à vol d'oiseau. — L'Université.**

Gare de Coblentz.

Je venais de Nassau, où j'avais demandé un billet pour Strasbourg. Ce billet me donnait le droit de prendre à Coblentz le plus prochain express qui descendrait vers la capitale de l'Alsace.

Il faut pourtant bien, et en dépit de situations exceptionnelles comme celle de l'institut Garnier, que les Allemands des classes industrielles n'apprennent pas dans leurs écoles le français, l'anglais et le russe autant que le prétendent les réformateurs éminents de notre pédagogie qui

ont bourré de langues vivantes les programmes
de nos lycées, sous prétexte de nous mettre
au niveau de l'Allemagne. Je me suis expri-
mé, à la gare de Coblentz, dans le français le
plus pur et le plus clair, j'ose le dire, pour
faire comprendre aux employés que je dési-
rais me rendre à Strasbourg par le train direct.
Si l'on savait tant que ça les langues vivantes
en Allemagne, on m'accordera bien que les
grandes gares sont les premiers endroits où il
en devrait paraître quelque chose, surtout les
gares de pénétration vers la France, comme
Coblentz. Je me suis aperçu que les efforts
louables que faisaient les employés pour entendre ma phrase française les empêchaient
d'entendre même le nom de Strasbourg. J'ai
prononcé ce nom de toutes les manières possibles. J'ai dit d'abord « Strasbourg » comme
on le dit à Paris. J'ai dit ensuite « Strasbour-
gue, Strasburck, Strassbürche, Strasbürig,
Strasbürich, Strasbourique ». — « Che gom-
brend », m'a dit enfin un grand gaillard

d'homme d'équipe, et il m'a hissé de confiance dans un train qui déjà commençait son mouvement de départ.

A onze heures du soir, après une journée mortelle, ce train m'a déposé méticuleusement, je ne sais où sur la rive droite du Rhin, du côté de Fribourg, à Dinglingen, je crois, ou à Lahr d'où j'ai gagné Strasbourg le lendemain.

Strasbourg. — Les gens.

Lorsque les préliminaires de Versailles et le traité de Francfort ont été signés, on a sous-entendu en France que les Allemands s'établiraient à Strasbourg provisoirement. On continue de le sous-entendre. Notre fond d'idée est que les Allemands sortiront de Strasbourg à un jour prochain; nombre de gens pensent même que ce sera de leur plein gré. Comment? Pourquoi? Par suite de quelles circonstances? C'est un bleu qui nous flatte et sourit. De leur côté, les Allemands s'installent comme si c'était pour des siècles. Ils bâtissent dans

21

Strasbourg en gens éternels. Ils n'ont pas perdu leur temps depuis quinze années ; ils ont institué les monuments de leur conquête ; ils ont enserré la ville d'une ceinture de forts détachés ; ils ont reculé l'enceinte fortifiée, de manière à tripler les espaces dont elle couvre l'accès : ce qui reste à bâtir d'un futur Strasbourg est double au moins maintenant de l'ancien ; ils ont créé une Université et l'ont dotée d'une série de palais ; ils ont élevé la gare métropolitaine des chemins de fer d'Alsace-Lorraine ; enfin au centre de ces splendeurs nouvelles, entre le Broglie et le Contades, ils ont jeté les fondements d'un château impérial, signe visible de la souveraineté allemande, que le Reichstag a voulu offrir de ses deniers à l'empereur allemand.

L'ancien Strasbourg, le Strasbourg du temps de la France, a peu changé d'aspect. Il est resté intact, sauf le faubourg de Pierre, qui avait été brûlé radicalement par les bombes badoises et qui a été reconstruit à neuf. Il y a un changement pourtant qui frappe tout de suite, mais qui n'est que de surface : dans les rues on n'entend plus parler qu'allemand. Les gens de la campagne alsacienne, qui sont venus à Strasbourg pour leurs affaires, et qui vous abordent pour demander un renseignement, vous saluent en allemand ; ils ne passent au français que quand vous leur avez répondu en termes formels : *Ich kann nicht deutsch*. Grattez leur allemand ; c'est toujours un français que vous trouvez. Le Strasbourgeois pur sang, le vieux Strasbourgeois, comme il s'appelle, surtout le petit et le moyen bourgeois de Strasbourg, n'a pas bronché dans l'amour de la France et dans la foi en la France. Il ne bronche pas non plus dans sa fierté française, et, soit dit sans l'offenser, dans sa vanité d'être Français. Toutes les magnificences solides que l'Allemand étale sous ses yeux, et que je viens d'énumérer, ne l'influencent pas ; l'Allemand lui est toujours le Souabe, le *Schwabe*, un être inférieur qu'il gouaille. Il

vous mène devant la gare centrale des chemins
de fer d'Alsace-Lorraine, édifice profession-
nel, agencé d'après des principes techniques
en vue d'un objet technique et où l'architecte
ne s'est pas permis de sacrifier l'appropriation
à l'effet architectural. Le bourgeois de Strasbourg vous dit : « Est-ce assez laid, hein ? »
On lui demande, dans la rue de l'Université,
combien de professeurs à peu près compte
l'Université; il vous répond : « Cela ne fait
rien !.... Qu'est-ce que ces professeurs?.... Ils
font des cours quand ils veulent; ils viennent
quand ils veulent; ils s'en vont quand ils veulent; ils sont toujours en vacances. » On par-
court avec lui le vaste espace qui s'étend depuis
l'ancien quai Finkmatt jusqu'au nouveau Keh-
ler Platz, et depuis l'ancienne porte des Juifs
jusqu'à la nouvelle porte Schiltigheim; il
lance une bouffée de fumée de cigare, hausse
les épaules et vous fait remarquer qu'il y a
trop de terrain et que les Allemands ne bâti-
ront jamais tout cela. Un régiment passe, mu-

sique en tête; le vieux Strasbourgeois s'arrête
pour regarder, parce qu'un régiment en marche anime toujours un peu les rues, fût-il
souabe; c'est dans le sang strasbourgeois. Mais
la cadence vigoureusement marquée du pas
militaire prussien, malgré son effet de précision
martiale, n'excite que sa critique. Il a dans la
tête un bien plus beau régiment que celui-là, un
régiment fantôme, composé de mousquetaires,
de gardes-françaises, de volontaires de 92, de
grenadiers de la Grande Armée, de tourlou-
rous de Louis-Philippe qui ont fait, sous Chan-
garnier, la retraite de Constantine, de zouaves
de Crimée et d'Italie, de mobilisés de Gambetta. Telle est la génération des gens de quarante à soixante ans. Le bambin, qui a été
saisi dès l'âge de sept ans par l'école primaire
obligatoire, le jeune homme de vingt-cinq
ans, qui vient d'accomplir ses trois années de
service dans une garnison de la Vieille-Marche, sont déjà un peu modifiés. Ils sont plus
capables de justice envers l'Allemand; ils ne

le sont pas plus de sympathie. A l'heure de
la sortie de l'école, hier, je goûtais le frais
dans le jardin d'un petit cabaret aux environs
du Contades. L'enfant de la maison, âgé de
onze à douze ans, rentra. A son école, on ne
lui apprend plus que l'allemand, à peine des
bribes de français, mesurées avec précaution;
on ne lui enseigne que l'histoire d'Allemagne
et du royaume de Prusse, depuis Albert l'Ours
jusques et y compris l'année glorieuse où le
soldat badois est venu délivrer Strasbourg et
l'Alsace du joug humiliant des Welches. Cette
histoire de Prusse — j'ai parcouru deux ou
trois abrégés en usage dans les écoles — est
exactement ce que doit être l'histoire à l'école
primaire, quand on ne veut pas que l'instruction obligatoire, en outre des inconvénients
graves qu'elle peut offrir, devienne un parfait non-sens au point de vue des souverainetés
établies; c'est un catéchisme orthodoxe de
prussianisme où il est enseigné à chaque page
que le royaume de Prusse est le plus beau des

royaumes dans un monde qui sera le meilleur des mondes dès que le Prussien et l'Allemand y pourront remplir toute leur mission. L'enfant dont je parle vient à l'heure même de recevoir cette bonne manne. Il s'amuse à ranger sur une table des figures de carton. Je regarde ; ce sont les maréchaux de France sous Napoléon III, tous, tous. Je retrouve là Bosquet, Castellane, Pélissier. La conquête n'a pas fait tort aux imagiers d'Épinal ; ils écoulent en Alsace leur vieux fonds de maréchaux qu'on ne demande plus en France. Je lui dis : *Hast du doch keine Mannschaft, mein Kind?* Il tire de sa boîte des fantassins avec leur tambour-major ; ils portent pantalon rouge. Je lui demande des cavaliers ; il m'en fait voir : ceux-là n'ont pas l'uniforme français ; mais le *Pickelhaube* n'y gagne rien ; je reconnais des *horse-guards*. En tête de cette troupe, l'enfant place Pélissier, qu'il appelle de son nom de Malakoff. Comment connaît-il Malakoff ? Il a un vieil oncle qui était de l'affaire et qui ne cesse de lui en parler.

Cet enfant-là, dans dix ans, portera le casque à pointe. Qui sait même si avant ce temps, poussé par l'instinct militaire et la nécessité, il n'entrera pas à l'école des sous-officiers de Biberich ? La vie, l'air ambiant, la législation, la force des choses le germaniseront de plus en plus. Il restera dans son sang germanisé cette molécule irréductible, Malakoff, et il la transmettra peut-être à ses fils. En septembre 1871, dans une *restauration* de Trèves, un petit homme tout courbé et tout cassé, s'apercevant que j'étais Français, me prit à partie, et avec un ton de mépris, qui devait plus flatter en moi l'amour-propre national que tous les compliments, il me demanda ce qu'étaient donc devenus les Français pour s'être laissé battre par des Prussiens. — Mais, lui répliquai-je, estimez-vous si peu les Prussiens ; ne l'êtes-vous pas ? — Oui, dit-il, sujet prussien ; Trévirois, fils de Trévirois. Mais vous connaissez le proverbe : « Où le Prussien est une fois venu p..., il ne pousse plus rien. *Et puis mon père a été soldat du grand Napoléon!* » — Le père avait repassé à son fils la molécule de France ; et vous voyez par cet exemple que la molécule a la vie dure.

Il y a, me dit-on, à Strasbourg, une population d'environ 20 000 immigrés allemands sans compter la garnison. Le vieux Strasbourgeois affecte de les considérer comme le fretin de l'Allemagne ; il exagère. Un flot si rapide d'immigrants qui se déverse diffus sur un seul point ne saurait avoir la pureté de l'eau qu'un aqueduc régulier apporte encaissée dans ses parois ; tout n'en est pas potable. Bien des Allemands immigrés sont cependant des hommes sérieux qui dirigent des entreprises sérieuses. Je demande au hasard : « Qui tient ce beau magasin de tapis? Est-ce un Alsacien? » On me répond : « C'est un immigré. » Les Allemands exploitent les principaux hôtels ; l'hôtel de la Maison-Rouge, renommé

de tout temps, est entre leurs mains. Ils ont
créé à leur mode des brasseries considérables,
notamment le *Luxhof*, dans la rue du même
nom, à deux pas du Broglie. Ce *Luxhof* est
leur rendez-vous favori dans la ville. Salles et
jardin juxtaposés ; des salles chargées d'ornements couleur quinzième siècle. Un Allemand
a eu l'idée, qui n'était jamais venue aux Français, d'installer une vaste et élégante *restauration* sur le bord du Rhin, en face de Kehl. Il
l'a intitulée *Rheinlust* (Plaisir du Rhin). Le
fleuve romantique déroule, dans son cours de
Schaffhouse à Cologne, des paysages autrement riches et d'une bien autre magnificence
que celui qu'on a là sous les yeux ; mais
chacun son goût ; le mien est que je n'ai
jamais senti nulle part, comme dans le silence
presque religieux du paysage du pont de Kehl,

Le Rhin, tranquille et fier du progrès de ses eaux ;

un vers de cette perruque de Boileau, comme
n'en ont jamais décrit sur le Rhin un aussi

imagé, un aussi complet, un aussi exact les grands poètes d'Allemagne qui ont chanté leur fleuve. La rive à Kehl est plane et morne des deux côtés ; la platitude même de l'une et l'autre rive ajoute, au lieu de lui rien ôter, à l'attrait agreste et guerrier que présente le site du pont de Kehl. L'industriel allemand, créateur de la *Rheinlust*, l'a compris. La *Rheinlust* possède un jardin en terrasse, planté d'arbres, d'où l'on domine doucement le Rhin. Là, pendant l'été, à de certains jours, l'après-midi, on est certain d'entendre un orchestre civil ou militaire ; on y trouve à volonté de quoi dîner et luncher, de la bière, du vin, du lait, du café. Il n'y vient guère que des Allemands, mais surtout des Allemandes ; elles y arrivent avec leurs ouvrages à tricoter, à l'heure qui est pour l'Allemande de moyenne condition l'heure sacrée et bienheureuse, l'heure du café au lait, entre quatre et six. Les salles à manger de la *Rheinlust* sont si vastes, que pour en trouver d'une étendue pareille, nous devons, nous

autres Parisiens, pousser jusqu'à Versailles,
hôtel des Réservoirs, ou jusqu'à Saint-Germain, pavillon Henri IV, deux endroits qui
ne sont point d'ailleurs, comme la *Rheinlust*,
à la portée des bourses moyennes. Au premier
étage, tout autour de l'édifice, règnent deux
larges galeries superposées, où l'on se tient,
pour boire et manger, à l'air libre, à l'abri
du soleil et de la pluie, avec la perspective du
fleuve sous les yeux. L'Allemand aime l'espace ; l'un de ses talents, pour bien jouir de la
vie, est de se donner beaucoup de place au
bon endroit. Strasbourg n'est pas Francfort ;
la ville de garnison et d'études n'est pas la
ville des Rothschild et la *Rheinlust* pâlirait
beaucoup à côté du *Palmen-Garten*. Cependant, à propos de la *Rheinlust* comme à propos
du *Palmen-Garten*, il vient à l'esprit le mot
de palais. La *Rheinlust*, en effet, semble un
palais de fêtes paisibles, élevé par le roi Cam-
brinus, dans un endroit solitaire, à la gloire
du *Vater Rhein*.

Mais, parmi les œuvres privées des Allemands, à Strasbourg, rien n'égale leurs librairies. Strasbourg, avant 1870, ne possédait qu'un seul Treuttel et Wurtz; il en a maintenant quatre ou cinq. Nos villes de province les plus peuplées, les plus riches et les plus éclairées, Paris même, n'offrent rien d'équivalent; je mets à part les célèbres maisons Didot, Hachette, Hetzel, Charpentier, Calmann Lévy, Plon, à Paris, Mame et Perrin à Tours et à Lyon, qui ne sont pas, à proprement parler, des librairies, mais des maisons d'éditeur. Avec son amas de volumes, pris chez tous les éditeurs de l'Allemagne, une librairie allemande, dans une ville du rang de Strasbourg, de Francfort, de Heidelberg, est quelque chose de plus qu'une librairie; elle semble un abrégé de l'univers intelligible. Rien qu'à en regarder la devanture et à lire pendant une demi-heure les titres des livres, exposés à l'étalage, on devient savant de *omni re scibili:* cela vous vaut au moins un an d'École nor-

male. L'Allemagne, durant ce dernier demi-
siècle a dressé l'inventaire d'ensemble et de
détail de tout ce que contient l'humanité, l'ani-
malité et le globe, de tout ce qu'enserre la
voûte céleste. Bientôt je m'aperçois, à l'étalage des librairies de Strasbourg, que depuis
quinze ans qu'ils sont arrivés, les Allemands
ont aussi inspecté, passé en revue en tous sens,
inventorié, historié et catalogué l'Alsace ; ils
n'en ont pas omis un aspect ni un coin ; ils en
ont écrit la géologie, la géographie politique,
les chroniques locales, la statistique comparée,
l'histoire générale et la diplomatique. C'est
bien pour leur plaisir, par exemple ! L'indigène strasbourgeois se soucie de l'histoire
d'Alsace avant Louis XIV comme de la chro-
nologie des sultans de Tombouctou ; malgré
la quantité de livres, les uns savants, les
autres populaires, que les Allemands ont
composés et continuent de composer pour lui
apprendre par quelle suite de trahisons le
Celte s'est jadis introduit dans sa ville et a

construit une citadelle pour le tenir en servitude, le Strasbourgeois persiste à croire que le Celte avait bien fait de venir, fût-ce par trahison, et qu'il a mal fait de s'en aller. Et, le pis, c'est que le Strasbourgeois exprime ainsi sa pensée sur le Celte, ô sacrilège! en pur idiome germanique. C'est donc pour leur seul agrément que travaillent les alsacilogues allemands. Ceci dit, si l'on se place au point de vue exclusif de la science, qui, pour rester scientifique, n'admet pas de partage, on doit convenir qu'ils ont travaillé rudement et bien. Les Allemands ne se contentent pas de conquérir et de s'infiltrer : ils s'approprient l'Alsace et se l'adaptent.

Pour ce qui est des fonctionnaires allemands, ce n'est pas, pour le coup, de son fretin que l'Allemagne se débarrasse sur Strasbourg et l'Alsace. Elle y envoie son élite, qui ne demande pas mieux. Assurément, les relations de société ne sont pas fort agréables, en Alsace, pour le fonctionnaire allemand civil et militaire; mais que d'autres avantages il trouve en ce séjour béni! Le Reichsland, généreux par ordre, assure à ses fonctionnaires des émoluments plus élevés d'un bon tiers que ce qu'on touche, pour les emplois équivalents, dans le reste de l'Allemagne; quand l'un d'entre eux est devenu impossible, soit par sa faute, soit par un mauvais vouloir, trop marqué et trop spécial, de l'Alsacien à son égard, on lui assure un traitement abondant de disponibilité. L'Alsace, d'ailleurs, plaine et montagne, fleuve et vallée, est un pays comblé de tous les dons du ciel. Ce n'était qu'un coin, et non le plus riche et le plus ensoleillé, du paradis terrestre français; c'est le pays de Cocagne entre les pays que réunit sous son sceptre l'empereur allemand; c'est l'Andalousie du Teuton. Si vous aviez le tapis des *Mille et une Nuits*, et si vous pouviez vous trouver en un seul et même instant dans le val de Münster et dans le marécage brandebour-

geois; ou bien, si vous pouviez vous transporter en cinq minutes des monts d'entre
Bavière et Bohême où l'on voit des filles à forte
carrure, mais à la chevelure pâle, aux yeux
bleus sans flamme, errer pieds nus et presque
en haillons sur les chemins, à la fromagerie
du Brezouer, une après-midi de dimanche,
quand les filles, pleines de vie et solidement
vêtues, plusieurs brunes (et les brunes d'Alsace sont deux fois brunes), les jeunes gars,
munis de bottes robustes, montent des fermes
pendues aux pentes pour valser au son d'un
violon ou d'un accordéon de rencontre, dans
l'éther des cimes, en vue d'un paysage splen-
dide qui respire la richesse autant que la
paix, il ne vous en faudrait pas plus pour
comprendre la nostalgie à rebours qui pousse
vers l'Alsace le référendaire des Marches et le
candidat bavarois, en quête d'une bonne place.
L'empereur a donc le choix parmi ses servi-
teurs les plus intègres et les plus habiles, pour
le recrutement des fonctionnaires de l'Alsace.

22.

A leur tête, il a placé tout ce qu'il a de mieux à son gré, après Bismarck. Il a nommé son lieutenant dans le pays d'empire son plus vieil ami personnel, un héros de ses guerres, qui a été, outre chef d'armée, directeur ministériel et ambassadeur, directeur ministériel chargé d'accomplir une besogne ingrate et nécessaire : la réforme du personnel des officiers ; ambassadeur chargé d'enguirlander la Russie au moment où l'on détruisait la Confédération germanique. M. de Manteuffel est en train de terminer sa vie de succès par un échec. Il n'a pas enguirlandé l'Alsace aussi aisément que la Russie. Heureusement, il ne s'en doute pas ; il en aurait trop de peine, et sa peine sincère serait pour l'Alsace comme pour lui. M. de Manteuffel est un homme supérieur en tout. Cela, il s'en doute, mais sans en tirer vanité ni morgue, agréable à vivre autant et plus qu'on ne le peut attendre d'un mortel qui a le triple avantage d'être Prussien, seigneur prussien, seigneur prussien de l'*Offizierstand*. Né et élevé dans un pays qui, depuis Stein, a, comme nous, pour maladie d'Etat, quoiqu'à un bien moindre degré que nous, le spécialisme à outrance des fonctions et la cristallisation hiérarchique, M. de Manteuffel a reçu des événements et s'est donné par sa propre culture l'aptitude à tout, ce que Le-Sage définit si bien, dans *Gil Blas*, l'outil universel. Il affecte d'admirer et réellement il admire le génie français; il a gardé en ce point, comme l'impératrice Augusta, la tradition de Frédéric II et de Goethe. Il se plaît à répéter que ce qu'il sait de la guerre il l'a appris en étudiant les campagnes de Condé, de Turenne et de Napoléon, et qu'il ne serait pas l'homme délié et universel qu'il est s'il n'avait beaucoup lu Voltaire. Il a toujours sur sa table de travail deux statuettes dont l'une est celle de Voltaire. La seconde est celle de Cromwell, que M. de Manteuffel, ami intime d'un empereur et roi, prise nonobstant très haut par amour pur de l'art politique. Cette variété de teintes a étonné et intéressé les Alsaciens, qui préfèrent M. de Manteuffel à ses prédécesseurs, question d'Alsace à part. M. de Manteuffel dépense d'ailleurs royalement à Strasbourg les deux cent mille marks environ qu'il reçoit, pour la plus forte portion, du budget du Reichsland. Tous les mercredis il se tient chez lui avec sa porte ouverte à tout venant. Dans ses promenades quotidiennes, à la Robertsau et au Contades, il est le plus salutatif des hommes. Des Strasbourgeois m'ont assuré que jamais un notable de Strasbourg n'est parvenu à le saluer le premier ; il est probable que peu l'essayent. Sa grande passion serait d'être populaire, et il croit qu'il l'est ; je n'en suis pas aussi sûr que lui, après m'être entretenu avec des Alsaciens de diverses classes et de diverses localités. Il y a une barrière entre l'Alsace et lui : la Prusse et le prussianisme. Car, pour conclure ce croquis d'un homme remarquable et qui a la bonne originalité, M. de Manteuffel, sous sa multiplicité de teintes, reste aussi Prussien que qui que ce soit, *Stockpreussen*, Prussien à faire peur, malgré le plaisir vrai qu'il aurait à pouvoir se dire : « Je ne fais peur à personne ». Exemple de prussianisme non mitigé : l'expulsion de M. Blech fils, dont toute l'Alsace parle en ce moment[1].

Immigrés et fonctionnaires forment société entre eux comme ils peuvent. La société strasbourgeoise leur est fermée. Les fonctionnaires se réunissent dans leur casino civil. Les officiers se sont installé un casino militaire dans l'un des bâtiments de la guerre sur le Broglie.

1. Depuis que ces lignes ont été écrites, la mort a enlevé le feld-maréchal Manteuffel. On lui a donné pour successeur le prince de Hohenlohe, qui a longtemps séjourné parmi nous en qualité d'ambassadeur d'Allemagne. Le prince de Hohenlohe est un homme d'un esprit fin et délié, d'une intelligence droite, informé de beaucoup de choses et particulièrement des choses françaises et du caractère français, ayant eu la carrière suivie et rempli la succession de grands emplois qui rompt un politique et le rend apte à la résolution des difficultés les plus délicates du gouvernement. Le prince de Hohenlohe réussira-t-il mieux que le feld-maréchal Manteuffel à gagner les Alsaciens? Mènera-t-il plus vite à fin l'*opus arduum*?

On voit peu les officiers dans les rues. Ils ne laissent pas le soir que de prendre l'habit bourgeois, lorsqu'ils soupent dans les cafés ou restaurants que hante la jeunesse strasbourgeoise. Non seulement les maisons particulières et l'intérieur des familles restent fermés aux fonctionnaires civils et militaires de l'Allemagne ; mais, même dans les lieux publics, les deux partis, le strasbourgeois et l'allemand, ne se mêlent pas. Ils ont chacun des centres de réunion différents. Des deux cafés du Broglie, bien connus des Parisiens, l'un se trouve affecté, par une convention tacite, aux Strasbourgeois et aux Français de passage, l'autre aux Allemands. Je remarque, par parenthèse, que les cafés s'en vont et que les brasseries se sont multipliées : signe de germanisation. Le théâtre, l'un des beaux théâtres qu'il y eût en France, est devenu allemand ; il ne joue plus qu'en allemand, la plupart du temps des pièces françaises traduites. Résultat de cette transformation : les

Strasbourgeois n'y vont plus, quoique l'allemand soit leur langue maternelle et que la Statthalterei et ses journaux ne perdent aucune occasion de le leur rappeler. Ils parlent allemand; ils lisent allemand; ils descendent d'aïeux allemands; ils ne veulent pas s'amuser en allemand. Aussi le théâtre de Strasbourg, depuis qu'il est voué à traduire le français au lieu de le représenter tel quel, a vu tomber ses recettes annuelles d'abonnements du chiffre de 50 000 francs et plus à celui de 3000. Malgré une rente de 60 000 francs dont il jouit, en vertu d'une donation qui date du temps français, il ne fait plus ses affaires. En revanche, deux modestes scènes, deux bouis-bouis d'hiver et d'été, le Casino, l'hiver, qui joue en français l'opérette et le vaudeville, l'Eden, l'été, où fleurit la chansonnette française, sont combles chaque soir. Il en est de l'Université, comme du théâtre et des lieux de plaisir. A l'Université les étudiants d'origine alsacienne font bande à part.

Quand, l'hiver, les jeunes gens strasbourgeois organisent, selon l'usage antique, un bal masqué par souscription, les Allemands sont exclus de la faculté de souscrire. Dans ces conditions, les deux sociétés étant juxtaposées et non mêlées, le mariage est rare entre Alsaciens et Allemands. Peu d'années après la conquête, une fille noble des environs de Srasbourg a épousé un officier de Sa Majesté l'empereur. Son action a surpris et irrité. Elle n'a pas trouvé depuis ce temps plus d'une ou deux imitatrices. On en parle encore.

On parle aussi très abondamment et incessamment des Strasbourgeois appartenant à la société et à la classe cultivée, qui ont consenti à accepter des fonctions du gouvernement allemand. Ils sont deux en tout, si je ne me trompe, depuis quinze années. Pour ce qui concerne les fonctions publiques en Alsace, il faut faire une distinction. Les petites fonctions, facteur, forestier, gendarme, sont assez volontiers acceptées ou sollicitées par l'Alsacien des classes inférieures. La classe moyenne et les hautes classes s'abstiennent de rechercher les fonctions moyennes et les hautes fonctions où chez nous elles se précipitent. On trouve des Alsaciens pour entrer dans les écoles de sous-officiers. On n'en a pas encore trouvé pour entrer dans les écoles de cadets, ni pour s'engager en qualité d'aspirant officier dans les cadres permanents de l'armée active. Tout au plus l'Alsacien se résigne-t-il à être volontaire d'un an et à devenir par suite officier de réserve; il y consent aujourd'hui; je ne sais pas s'il y eût consenti dans les cinq premières années qui ont suivi la conquête. Il y a deux cents Alsaciens à l'Université; presque tous se préparent aux professions privées de la médecine et du barreau; quelques-uns au professorat dans les gymnases et les écoles moyennes; aucun, m'assure-t-on, ne se destine à entrer dans une carrière politique ou administrative.

Voilà l'état moral de Strasbourg. Mainte-

nant, si vous voulez, prenons un fiacre; parcourons la ville et visitons l'Université.

La ville à vol d'oiseau. — L'Université.

Nous partons de la gare.

Un coup d'œil sur la gare. Le réseau des
chemins de fer alsaciens appartient à l'Empire,
qui l'exploite sans intermédiaire, par ses
propres agents; la condition de chemin de fer
de l'Etat est celle de presque tous les chemins
de fer allemands, y compris les chemins de
fer prussiens, dont le prince de Bismarck a
opéré, en grande partie, le rachat. Il se peut
que le système de l'État possédant et exploi-
tant des lignes ferrées soit défectueux en
France; en Prusse et en Allemagne, le public
ne s'en trouve pas mal. La gare de Strasbourg
a l'aspect d'une forteresse; l'immense place
devant la gare semble une esplanade et un
champ de manœuvres. C'est, en effet, une
forteresse et une esplanade. Tout y est disposé
pour les commodités d'embarquement et de

débarquement d'un corps d'armée. La seule
concession un peu marquée qu'on y ait faite
à l'art décoratif consiste en deux grandes
peintures murales qui ornent à droite et à
gauche le vestibule et qui appellent l'attention.
Ce sont des peintures parlantes ; leur prétention est de figurer le présent et le passé de
l'Alsace. Le passé, c'est un empereur du
moyen âge, Maximilien, je crois, qui entre en
triomphe dans Haguenau. Le présent, c'est
l'empereur Guillaume recevant l'hommage
des campagnes de la Basse-Alsace dans le
voyage qu'il fit à Strasbourg en 1879. Des
maires, dont l'un étale sur sa poitrine la
croix de la Légion d'honneur, sont debout
et découverts devant l'empereur et le haran-
guent. Des jeunes filles, portant le costume
du pays, lui présentent des fleurs et le vin
d'honneur. Au second plan, dans un coin,
d'autres jeunes filles se tiennent dans l'un
de ces chariots alsaciens dont le défilé, jadis devant Charles X, plus récemment de-

vant Napoléon III, produisit un effet si original.

De la gare, j'entreprends de faire le tour du nouveau rempart, jusqu'à la citadelle, en suivant la direction nord et ouest. Et d'abord, que font là ces pionniers? Qu'est-ce que cet emplacement marqué pour la bâtisse? C'est l'endroit où s'élèvera une puissante caserne en projet, la nouvelle caserne Finkmatt. L'ancienne, noir édifice, subsiste encore; j'y jette un regard de souvenir. Là, dans l'étroit boyau formé par le bâtiment de la caserne et le vieux rempart auquel il était adossé, la fortune du troisième Napoléon vint échouer à son début; le trône.de Louis-Philippe fut sauvé, le destin de la France et de l'Europe suspendu et ajourné par la présence d'esprit d'un lieutenant-colonel et l'audace d'un tambour-major. Après le nouveau Finkmatt, d'intervalle en intervalle, je vois des casemates et des troupes casematées. Partout, des canons, tout prêts, sur leurs affûts. Dans la rue du rempart, des voitures charrient des obus; des soldats, en tenue de corvée, déchargent et emmagasinent les projectiles. On se croirait à la veille d'un siège. Sur la crête des fortifications on aperçoit de temps à autre des militaires isolés qui circulent : tantôt un soldat d'infanterie en tenue de service, tantôt un sous-officier, tantôt un garde du génie ; ils sont de ronde ; la ronde est exécutée d'un air de componction ; elle me fait l'effet d'être constante ; c'est comme l'adoration perpétuelle du saint glacis. Je longe et parfois je coupe d'immenses espaces vides, mais où l'on me fait voir les rues et les places toutes tracées pour le Strasbourg de l'avenir, qui, traversé par un ou deux nouveaux canaux aboutissant à de vastes bassins, deviendra un entrepôt de marchandises et un centre de navigation rival de Mannheim. J'arrive à la citadelle ; tout, à peu près, y est resté comme autrefois. Je passe par l'arsenal ; il est aussi resté le même ; je reconnais les canons dont il est bondé et qui sont, hélas !

23.

les nôtres. J'en ai vu assez; je me fais conduire à l'Université.

La première chose qu'aient faite les Allemands, une fois maîtres de l'Alsace-Lorraine, ç'a été de décréter la fondation d'une Université à Strasbourg, sous le nom d'Université Empereur Guillaume. Les bâtiments de l'Université et ses annexes couvrent une superficie de quatorze hectares. Une somme de quatorze millions a été employée aux frais de construction et de premier établissement. L'Université Empereur Guillaume jouit d'un budget annuel de douze cent mille francs dont huit cent mille francs sont fournis par le Reichstag de l'empire d'Allemagne et quatre cent mille francs par le Landesausschus d'Alsace-Lorraine. Ce n'est pas ici le lieu de décrire à fond le mécanisme d'une Université allemande, d'en faire l'examen critique et philosophique. Je veux seulement, à propos de Strasbourg, en signaler quelques traits. Le personnel enseignant de l'Université Empereur Guillaume ne comprend pas moins de 98 maîtres ; 60 professeurs ordinaires, 17 professeurs extraordinaires, 18 *privat-docent*, 3 *lectors*. Ces maîtres, on le voit, ne portent pas tous le même titre. Ils ne jouissent pas tous non plus des mêmes droits et des mêmes attributions. Ils ne sont pas tous liés à l'Université Empereur Guillaume ou à l'État d'Alsace-Lorraine par le même contrat et les mêmes attaches. Ils ne reçoivent pas tous les mêmes émoluments. Ils ne font pas tous le même nombre de leçons, ni des leçons de même ordre et de même genre. Ils n'ont pas tous la même somme d'heures de travail à l'Université. L'effectif des professeurs des diverses Facultés et des diverses catégories n'a pas été fixé pour toujours une fois pour toutes par un décret constitutif. Quand on nomme un professeur ordinaire, c'est un professeur qu'on nomme, ce n'est pas une chaire vacante à laquelle on pourvoit ; on le nomme à cause de ses travaux propres, de ses mérites personnels, de sa réputation acquise, non par suite de vacance de chaire. Telle branche, toute particulière de la science, aura trois professeurs, qui l'enseigneront en même temps, s'il existe trois hommes capables et en renom dans cette partie du domaine scientifique et si l'Universtité ou le statthalter d'Alsace-Lorraine a eu l'envie et trouvé le moyen de les fixer tous trois à Strasbourg; la même branche de la science ne sera enseignée spécialement par personne, elle restera confondue dans un autre enseignement plus général, si l'on ne trouve pas suffisamment instruits et habiles les candidats qui pourront se présenter pour l'enseigner. Il est des maîtres qui n'ont d'autre traitement que les rétributions particulières que leur payent les étudiants et auditeurs bénévolement inscrits à leur cours; il en est qui touchent de l'Université deux ou trois mille francs par an, et rien de plus; il en est, comme M. Fittig, le chimiste, à qui l'Université assure un émolument de trente mille marks (trente-sept mille cinq cents francs). Le

chiffre moyen d'appointements, pour un *ordentlicher Professor*, varie de dix à douze mille
francs. La somme des heures de travail et
d'occupation varie de trois heures par semaine
à tous les jours toute la journée. Le professeur
ordinaire von Recklinghausen, de la Faculté
de Médecine, petit-fils d'un seigneur médiatisé,
à qui son enseignement rapporte trente mille
francs par an, se tient depuis le matin jusqu'au
soir à son laboratoire d'anatomie et d'histologie
pathologiques; il n'en sort guère que pour
ses cours, qui ont lieu tous les jours, et au
besoin deux fois par jour. Il arrive qu'un seul
et même professeur pratique toutes les formes
connues et imaginables de l'enseignement oral,
depuis l'entretien dans son cabinet avec quatre
ou cinq étudiants choisis jusqu'au cours oratoire et au cours public, ouvert gratis à tout
venant. Il y a des espèces de conférences,
portes battantes, pour tout le monde; il y a
des cours publics qui le sont pour la totalité
des étudiants inscrits à l'Université, mais

pour eux seulement; il y a des leçons privées, des leçons extrêmement privées, des leçons d'ordre tout particulier pour des étudiants spéciaux qui forment le séminaire de chaque Faculté, de chaque science, de chaque langue savante. Il y a des travaux pratiques de toute espèce. Il y a, dans chacune de ces catégories de leçons et de cours, le payé, l'extrêmement payé et le gratis. Ce qui est un trait original de l'Allemagne, c'est qu'il s'y peut faire et s'y fait dans les Universités sur une langue vivante et sa littérature des cours et leçons en cette langue. Ce qui est un autre trait, fortement marqué à Strasbourg, c'est que les professeurs de la Faculté de Médecine sont bien des professeurs, et seulement des professeurs; quoique l'exercice de la médecine ne leur soit pas interdit, ils n'usent du droit d'exercer que par très grande exception; les professeurs de clinique seuls ont une clientèle habituelle en ville. Ce qui est un troisième trait à signaler, parce qu'il est commun en Allemagne aux écoles de tout degré, c'est la large mesure faite au temps des vacances. Les diverses vacances éparpillées dans l'année forment à l'Université de Strasbourg un total de quatre et cinq mois.

Il va sans dire que le succès de l'Université de Strasbourg a été plus rapide en Allemagne qu'en Alsace. Sur huit cents étudians inscrits, le quart seulement est originaire de l'Alsace-Lorraine. Les six cents autres viennent de l'Allemagne; ils sont indifféremment fournis par toutes les parties de l'empire. Beaucoup d'étudiants appartiennent aux plus hautes familles de leur pays; deux ou trois à des maisons régnantes. L'université de Strasbourg compte en ce moment parmi ses élèves un Hohenzollern, un la Tour et Taxis, le prince royal de Saxe. Faire son temps d'Université à Strasbourg est devenu une mode allemande; l'orgueil national et la politique s'en mêlent; mais la position privilégiée de Strasbourg a beaucoup aidé en ce point la politique. L'étudiant allemand est, de sa nature, aussi excursionniste que le nôtre, chargé de programmes, d'examens, de concours, captif à l'École normale et à l'École polytechnique, est forcément casanier. Une ville placée sur le beau fleuve germanique à égale distance de la Forêt Noire et des Vosges, au nœud d'un réseau de chemins de fer qui offre toutes les commodités, était faite pour attirer la jeunesse allemande.

Les édifices dont se compose l'Université Empereur Guillaume se partagent en trois groupes : le groupe principal, le groupe spécial à la médecine et la Bibliothèque. Ces trois groupes sont assez distants l'un de l'autre. La Bibliothèque, qui occupe l'ancien château du cardinal de Rohan, se trouve placée au bord de l'Ill, sur la rive gauche, dans la portion insulaire de la ville, qu'entourent et bouclent l'Ill et le canal. Le groupe principal et le groupe de la médecine s'étendent sur la rive droite de l'Ill ; mais celui-ci est dans le vieux

Strasbourg, celui-là dans le Strasbourg en voie de construction. Si du haut du Münster, on regarde à ses pieds toute l'enceinte et qu'on embrasse d'un seul regard le vieux Strasbourg du temps de France, la ville moderne allemande et le terrain qui reste à bâtir, on distingue une ligne continue d'édifices monumentaux qui se suit au centre du tout : c'est le Kaiserplatz, le palais impérial, le Casino civil, le Ring. Sur cette ligne s'élève, précédé de la place de l'Université, le groupe principal des édifices universitaires, dont l'ensemble forme un imposant parallélogramme, compris entre deux rues superbes, la rue Goethe et la rue de l'Université. Le bâtiment de façade sur la place de l'Université contient la salle des Actes, la salle des Fêtes, les salles de cours des Facultés de Théologie, de Droit et de Philosophie. Il a l'aspect large et simple. Au centre du parallélogramme, la vue se repose sur de riantes pelouses, le jardin botanique et les serres. Le long de la rue de l'Université, nous avons l'Institut de botanique et l'Institut de physique avec leurs laboratoires ; le long de la rue Goethe, les deux bâtiments qui composent l'Institut et le Laboratoire de chimie. A l'extrémité orientale du jardin se dressent deux Observatoires avec leurs coupoles ; tout à côté, une gentille maison, vraie maison de plaisance affectée à l'habitation du directeur de l'Observatoire. Le professeur de botanique, chargé de la direction de l'Institut botanique, le directeur de l'Institut et du Laboratoire de chimie, celui de l'Institut et du Laboratoire de physique sont également logés. Ils ont leurs appartements dans l'édifice consacré à l'Institut ; leur cabinet à chacun est de plain-pied et communique avec la salle des travaux pratiques.

J'ai pu visiter l'un de ces Instituts. Un de mes compagnons de courses à travers Strasbourg connaissait M. de Bary, directeur de l'Institut botanique ; il m'a présenté à lui, et M. de Bary a bien voulu me faire les hon-

neurs de son petit empire. L'Institut botanique me laisse voir en un seul exemplaire
le système de l'édifice universitaire tout entier. Du jour et de la lumière, pénétrant de
partout; des rideaux d'étoffe vulgaire, mais
où l'étoffe n'est pas ménagée, pour créer
l'ombre là où elle est nécessaire ; de la place
à profusion, de la variété, des agencements
commodes sans mollesse. Aucun luxe. Pendant que je parcours l'Institut, des personnes
d'âges divers sont occupées dans les salles
de laboratoires ; ces salles s'enfilent l'une
dans l'autre et elles sont toutes attenantes
au cabinet du professeur. Ainsi, celui-ci n'a
besoin de s'imposer aucun dérangement pour
diriger les expériences qui s'y poursuivent.
Il a sous la main ses collections et ses her-
biers. De la fenêtre de son cabinet, il peut
embrasser d'un coup d'œil le jardin botanique et les serres. Je n'ai vu de ma vie
qu'une autre fenêtre directoriale aussi heureusement disposée pour la surveillance :

c'est celle de la cellule du Père du Lac à l'école Sainte-Geneviève. Avec **M.** de Bary, et sous sa direction, travaillent un professeur extraordinaire, deux assistants, un chef jardinier, un jardinier adjoint. Non seulement des étudiants inscrits à l'Université, mais des personnes libres, des docteurs-médecins de la ville sont admis à l'usage du laboratoire, avec ou sans le concours du directeur. En ce moment même, un médecin strasbourgeois est occupé à la culture de microbes infectieux. L'Institut a deux salles de cours, une grande et une petite. Je demande à **M.** de Bary combien il fait de cours par semaine. Il me répond qu'il doit, au *minimum*, cinq heures dans sa grande salle, mais qu'au surplus toute son existence est prise par l'Institut, par les études de laboratoire qu'il fait seul ou en collaboration avec d'autres, par le soin des collections, par de certaines cultures de plantes rares qui ne se peuvent passer de l'œil et de la main du maître, par les leçons et conférences dans la petite salle, par les explications devant les alambics et les cornues, par le *privatim* et le *privatissimum*. Ce mot de *privatissimum* désigne des entretiens scientifiques, suivis et méthodiques, sur des points plus particuliers de la science que le maître élucide avec des personnes qui cultivent la botanique en dehors des conditions ordinaires des études universitaires, sans aucune recherche de grades, sans aucune préparation d'examen scolaire ou d'examen d'Etat.

M. de Bary ne peut me faire visiter lui-même le jardin botanique. Ses occupations le réclament. Il me remet entre les mains, non du jardinier en chef qui est absent, mais d'un aide jardinier. Mon cicerone, vu ses fonctions, ne me semblait pas fait pour occuper beaucoup mon attention. Je me trompais. J'avoue que voilà le personnage qui est encore mon plus grand étonnement depuis un mois que j'erre deçà et delà en Allemagne. Vous avez sans doute visité au Muséum la salle des crocodiles. Avez-vous remarqué l'air ennuyé des gardiens qui ont charge de garder, de soigner et de montrer au public ces monstrueuses mécaniques à dévorer, si ingénieusement et si simplement construites par la nature? Les crocodiles n'inspirent à leurs gardiens aucun intérêt; ils leur donnent plutôt de la jalousie. Les gardiens, bons pères de famille, pas toujours très heureux, ne s'expliquent pas la position confortable que fait le budget à ces vilaines bêtes,

> Quand y a tant d'gens su' la place
> Qui n'ont rien à se met' su' l' dos?

Il est probable que la dernière chose dont on s'est préoccupé en les nommant, c'est de savoir si l'on pourrait jamais leur faire contracter de l'inclination pour l'histoire des bêtes féroces. Et baste! après tout, c'est encore heureux! Si jamais cette idée venait à l'administration française qu'il n'est pas mal qu'un gardien d'animaux ait la curiosité des animaux, l'humeur du jour pousserait à établir tout de suite un concours de zoologie et d'histologie comparées entre les anciens sous-offïciers qui demandent à se placer dans les crocodiles. Le garçon jardinier que j'ai vu à Strasbourg a le goût botaniste intelligent. Il donne raison à l'une des maximes principales de la sagesse de Gœthe qu'il n'est aucun métier que le manouvrier le plus infime ne puisse élever jusqu'à l'art par l'application qu'il y porte. Il ne se contente pas de nous réciter des étiquettes; il est fier de ses plantes bizarres, des unes moins, des autres plus, suivant une échelle raisonnée qu'il s'est établie dans la tête; il connaît leur tempérament et l'explique; il morigène l'une, il encourage l'autre, mais d'une façon qui lui est naturelle et sans faire d'embarras. Il ne commente pas l'arbre à quinquina et l'arbre à vanille du même ton qu'il ferait un plant d'œillets. Dans une serre très chauffée, au milieu d'un bassin destiné aux plantes aquatiques, il nous montre et nous décrit, avec le ton de l'amour vrai, une plante verte, qui flotte sur l'eau, en forme de moule à galette. Saluez; c'est la *Victoria regia*, qui ne fleurit qu'un jour et demi par an. L'aide jardinier attend ce jour avec impatience, et, en attendant, il ne nous dit que des choses dignes qu'on les écoute. Que doivent être les maîtres quand tels sont les simples aides! Que doit être l'esprit qui dirige quand tel est le manouvrier qui exécute!

De l'Université proprement dite, je me fais voiturer vers le groupe des édifices consacrés à l'enseignement de la médecine. Il est situé, au sud de la ville, entre l'hôpital civil et le rempart, et inclus tout entier dans un renflement de la fortification. Sept bâtiments rangés en ligne abritent la science d'Esculape. Chacun d'eux est considérable. On a là un Institut d'anatomie, deux Instituts de physiologie, un Institut de pharmacologie, trois Cliniques, celle de chirurgie, celle de l'art obstétrical, celle de psychiâtrie. Je passe rapidement devant ces constructions; mais j'ai le temps d'observer que, si rien n'a été épargné, rien non plus n'a été dépensé de trop.

Reste la Bibliothèque. Elle est à la fois bibliothèque de l'Université et bibliothèque de l'Etat d'Alsace-Lorraine. On l'a fondée presque aussitôt après la prise de la ville. Un homme distingué, le docteur Barack, précédemment bibliothécaire des princes Furstenberg à Donaueschingen, a présidé à sa formation et la dirige. Elle compte autant de bibliothécaires que l'Université compte de Facultés, c'est-à-dire cinq; à Strasbourg, selon l'usage français et contrairement à l'usage allemand, les sciences détachées de la Faculté des lettres, autrement dit de philosophie, forment une Faculté distincte. J'ai déjà visité la Bibliothèque peu de temps après sa fondation, sous la conduite de M. Reussner, l'helléniste alsacien bien connu, qui était à la fois professeur au gymnase protestant et bibliothécaire pour la Faculté de philosophie. Comme cette bibliothèque a été composée d'un bloc et tout d'une suite, elle a pu l'être avec une méthode rigoureuse; elle est sortie toute armée, comme Minerve, du cerveau qui l'a conçue; dès en naissant, elle est apparue le modèle des Bibliothèques. Le service y est bien distribué et prompt. Elle fait des prêts dans toute l'Alsace-Lorraine et jusqu'en France; elle prête assez régulièrement, m'a-t-on dit, à Nancy. Notre Bibliothèque nationale expédie aussi, je crois, des prêts hors Paris et hors la France. Ce qu'on peut remarquer de particulier à la bibliothèque de Strasbourg, c'est la boîte aux lettres, clouée à la porte principale, et la salle des Périodiques. En passant devant la boîte, vous jetez une note, signée de votre nom, indiquant le livre que vous voulez lire, et le lendemain, quand vous vous présentez, le livre est prêt. La salle des Périodiques est d'une installation parfaite. Notre Bibliothèque nationale, avec ses collections et ses recueils multiples, toujours sous la main du lecteur, dans la grande salle de

travail, ne laisse rien certes à désirer sur ce
sujet; les périodiques qu'on y reçoit sont dis-
posés le plus commodément du monde sur
une table spéciale. Mais ces périodiques ne
sont que des revues. Comme tout à la Bibliothèque nationale doit être absolument gratuit,
on en a exclu, par une sage précaution, la
lecture des journaux. A Strasbourg, la lecture est gratuite pour les livres seulement. La
salle des Périodiques est soumise à une autre
règle. Elle n'est ouverte qu'à des abonnés,
étudiants ou non, qui l'entretiennent de leurs
cotisations. Ne prononcez pas ici le mot dé-
daigneux de cabinet de lecture; ce dédain
porterait à faux. La Bibliothèque reçoit tous
les journaux sérieux de l'Europe, mais elle ne
reçoit que les sérieux; elle possède toutes les
revues universelles telles que la *Revue des
Deux Mondes*, la *Quarterly Review*, la *Deutsche
Rundschau*, le *Messager de l'Europe*, la *Rous-
kaïa Starina*, qui sont en tout pays l'aliment
des profanes; mais elle reçoit, au moins en

aussi grand nombre que la Bibliothèque nationale de Paris, les revues savantes et les revues techniques à l'usage des spécialistes; et
il n'en coûte rien qu'une légère rétribution,
payée par les abonnés, et le prêt d'une ou
deux salles par l'État d'Alsace-Lorraine! Je
n'oserais pas dire devant des Français de mon
temps : « Que de mal fait la gratuité! » Je
prends la liberté de leur dire : « Que de bien
elle empêche! » Je ne suis pas fier pour Paris,
capitale d'une république, qu'il ne possède
pas une seule belle salle de lecture pour journaux et revues, tandis qu'il en devrait posséder cinq ou six, distribuées sur les deux rives
de la Seine.

Cependant, le jour touche à sa fin. Il est
maintenant neuf heures du soir. On entend des
grouillements au rez-de-chaussée des maisons,
derrière des volets bien clos, à travers lesquels
filtre une lumière; ces rez-de-chaussée sont
des brasseries; le va-et-vient dans le couloir
est perpétuel. Je vais à la brasserie du *Luxhof*,

qui est le rendez-vous des Allemands. Il n'y a
pas une table qui reste vide plus de cinq minutes. Le civil et le militaire, les fonctionnaires et les particuliers, les messieurs et les
dames sont attablés pêle-mêle. On y rencontre
les plus hautes autorités de Strasbourg. Je
mentirais de dire que j'y ai vu le feld-maréchal
lui-même; d'ailleurs, il est absent de Strasbourg. Mais, regardez là-bas ce client qui
pique ferme, et avec conviction, sur une assiette de choucroute-jambon : c'est le procureur impérial. Deux colosses, à côté de moi,
engloutissent les bocks par demi-litres et par
litres; l'un est le directeur de la police; l'autre
est M. l'administrateur de Strasbourg, fonctionnaire nommé par le maréchal, qui tient
lieu à la ville rebelle de maire et de conseil
municipal.

Un bruit se fait tout à coup vers la porte
d'entrée. Un flot d'étudiants, avec écharpes et
casquettes multicolores, se précipite et s'empare d'une large table, par hasard libre, dans

un coin au fond. Ces étudiants font escorte à un homme d'âge qui s'assied avec eux et qu'ils entourent d'une familiarité respectueuse. Il me semble que je connais cette physionomie-là. Où donc ai-je déjà vu cette taille droite, ce corps élancé, maigre et alerte, cet œil bleu dont le regard respire la décision et la précision, cette figure méditative qui est comme consumée et vieillie avant le temps par la pensée? En croirai-je mes yeux! comme on dit dans les tragédies françaises. C'est M. de Bary lui-même, l'*ordentlicher Professor* qui dans l'après-midi m'a fait visiter l'Institut botanique. C'est lui que je vois là, dans cette tabagie, attablé avec ses élèves. Le maître et les disciples fêtent ensemble le breuvage national. Leur dévotion paraît sincère. Le maître parle; les disciples écoutent. Pour le coup, c'est à la fois du *privatissimum* et du *publicissimum*. Qui sait si cet *Abendsschoppen*, par lequel se termine la journée d'étude, n'en est pas l'heure la plus fructueuse? Qui sait si ce soir-là dans le commerce de la nymphe blonde, dans l'abandon d'un entretien de brasserie, ne jailliront pas des vues libres, et encore vagues, d'où sortira dans vingt ans d'ici une nouvelle philosophie des plantes?...

CHAPITRE XI

Rheinlust et Rheinweh.

J'allais quitter Strasbourg. Un furieux désir m'a pris : *Noch einmal möcht' ich!...*

J'ai voulu voir encore une fois le Rhin, ce Rhin d'entre la citadelle et Kehl qui fut à nous. Ce sera peut-être la dernière fois avant de mourir. Je suis allé faire mon repas de midi à la *Rheinlust*; je me suis promené tout à mon aise sur le pont de bateaux; j'ai pris le café à Kehl. Toute mon après-midi s'est passée dans la contemplation et l'adoration du fleuve.

De la rive jadis française ou de la rive allemande, je le regarde couler, je le regarde encore, je le regarde toujours, et, quelque effort que je fasse, je ne réussis pas à me persuader que rien de ce qui est arrivé il y a quinze ans soit véritable et réel. Avez-vous été quelquefois témoin intime d'une de ces grandes douleurs qui brisent la vie pour toujours : la mort d'un unique enfant, la trahison d'une femme uniquement aimée, l'abandon d'une pauvre fille par le parjure qui l'a séduite?

> Es ist eine alte Geschichte,
> Doch bleibt sie immer neu,
> Und wem sie just passieret
> Dem bricht das Herz entzwei.

Sous le coup qui l'atteint, le cœur est abîmé. Mais le cœur a beau souffrir et saigner, l'esprit, frappé d'insensibilité, reste obtus à son malheur; il ne le comprend pas; il n'y veut pas croire. C'est ainsi que je regarde le Rhin, muet, étourdi, paralysé sous la violence de la catastrophe; puis tout à coup je sens toutes mes entrailles qui se révoltent et qui crient : Non, ce n'est pas possible! Non! non! Strasbourg n'est point allemand!— « C'est Belgrade

25.

qui me tue », disait l'empereur Charles VI,
mourant de consomption quelques mois après
le funeste traité de 1739 ; « je sens là sur ma
poitrine le poids de Belgrade qui m'étouffe. »
Comment l'idée de Strasbourg perdu n'a-t-elle
tué aucun des ministres et des généraux qui
nous l'ont fait perdre ?

Quand on vient de Paris, le chagrin vous
prend à Avricourt ; il ne vous laisse plus de
répit jusqu'à Kehl ; chaque pas qu'on fait en
avant, chaque souvenir, chaque objet, chaque
incident, même le plus vulgaire, vous le dis-
tille goutte à goutte, et, à chaque goutte, plus
âpre et plus amer. Au seuil des Vosges, c'est
la voix du conducteur de train qui crie dans
une langue, en ces lieux-là, barbare : « *Zabern ! Lutzelbourg ! Lutzelbourg ! Zabern !* »
Sur le Broglie, c'est le soldat allemand qui
passe la parade. Elle m'avait bien réjoui, et
plus d'une fois, la parade à la prussienne,
quand j'y assistais à Berlin ou à Coblentz.
C'est vrai que ces longs beaux officiers si rai-

des avaient l'air délicieusement empalés dans leurs sabres, et qu'à mon grand amusement je n'ai jamais pu distinguer si au commandement d'*Abmarschiren*, c'était le soldat ou son fusil qui marchait. Et quand, à la fin de la parade, arrivait le salut des armes et le défilé, quand le commandant de la revue, piquet immobile, fixait la main à son casque, quand le tambour-maître et le chef de musique se mettaient à battre la mesure devant la troupe avec une régularité si parfaite que le bras droit de l'un semblait le bras gauche de l'autre, quand enfin toutes les jambes, comme attachées à une seule et unique manivelle, s'ébranlaient selon le mouvement marqué par ces deux bras, je ne pouvais m'empêcher de songer aux figures de bois peint qu'on voyait dans mon enfance, tourner en cadence sur les orgues de Barbarie et s'arrêter ou partir toutes ensemble, sous l'action d'un même ressort saccadé et brusque. Hélas! au cœur de Strasbourg on ne remarque plus leur pédantisme

militaire, on n'a point le courage d'en sourire;
on ne voit que leur fierté paisible qui fait mal,
et d'autant plus cruellement qu'on n'a pas la
consolation de la trouver insolente. L'inso-
lence au moins, à la place de cet orgueil noble
et calme, soulèverait la colère, et la colère
quelquefois soulage.

Mais ce qui produit peut-être l'effet le plus
navrant, — ce n'est rien, et ce rien est affreux,
— c'est de ne plus se heurter à l'entrée du
pont de Kehl contre le gendarme accoutumé,
qui, de son air nonchalant et inflexible, vous
demandait vos papiers! Quoi! on ne m'arrête
plus à cette place! on ne m'interroge plus!
on passe ainsi le pont sans embarras, sans
difficulté, sans rituel d'aucune sorte! Ici et
là-bas, sur cette rive et sur l'autre, c'est tout
un!

Lorsque autrefois j'allais à Bade, je me le
rappelle, je ne voulais jamais traverser le Rhin
en chemin de fer. Je suis classique et pour les
vieilles traditions en matière de passage du

Rhin, comme en beaucoup d'autres choses, et le chemin de fer, vraiment, n'y mettait pas assez de cérémonie. En un clin d'œil, c'était fini. On passait par-dessus le fameux thalweg, que tant de traités ont illustré, sans même se douter qu'il y eût un thalweg. Aussi, je ne manquais pas de descendre à la Maison-Rouge, d'y louer une patache, et de la choisir aussi lente et aussi antique que je pouvais.

Brave et intelligente patache! Elle mettait une heure et même plus à me transporter moi et mon paquet, de la place Kléber, où les fantassins français faisaient faction sac au dos, comme devant l'ennemi, au pont de bateaux sur lequel je m'engageais avec un respect superstitieux. Grâce à elle, je goûtais et je savourais à mon aise la profonde solennité de mon action. Oui, tout était solennel sur cette grande route de la guerre et des invasions. Ce fleuve, coupé en deux par des rivalités séculaires qu'on croyait alors apaisées ; ces grand'gardes, française et badoise, à leur poste au milieu du

pont; ces deux sentinelles avancées, se sur-
veillant l'une l'autre, assez rapprochées l'une
de l'autre pour se tendre la main et se parler,
n'ayant entre elles deux qu'une barrière fictive
et idéale : la ligne du thalweg au fond de l'eau,
et que cependant les mœurs, la langue, le costume, la couleur du drapeau séparaient comme
le plus épais des murs: tout cela composait
un paysage martial qui saisissait l'âme et la
fortifiait. On voyait bien que les sentinelles
elles-mêmes se sentaient grandies. Il y avait
sur leur figure une impression de gravité
qu'on eût vainement cherchée sur le visage
des soldats qui montaient la garde à la porte
du palais grand-ducal à Carlsruhe ou de l'hôtel de la division militaire à Strasbourg. L'ombre des héros flottait sur leur tête. Arioviste
et César! Attila et Siegfried! Barberousse et
Saxe-Weimar! Turenne et Condé! Villars et
Marceau! Grand'gardes, sentinelles, ombre
des héros, tout s'est évanoui. Le fleuve coule
maintenant désert sous les chevalets solitaires.

M. de Bismarck a relevé également l'Allemagne et la France de la faction sur le Rhin.

Me voici donc à Kehl! Je tâche d'oublier l'Alsace conquise. Je veux jouir sans préoccupation, comme s'il était encore à nous, du beau fleuve où tant de fois se sont retrempées nos armes. Je me suis établi sur la terrasse d'un riant *Gasthaus* d'où on le voit se développer en sa magnificence sévère avec les Vosges et la Forêt Noire à l'horizon. L'air est tiède et suffisamment clair; les montagnes qui s'élèvent en amphithéâtre à droite et à gauche forment l'un des tableaux les plus splendides et les plus suaves que l'on puisse rêver; les bois et la vapeur bleue les couronnent. Cependant je n'accorde à ce spectacle qu'un coup d'œil distrait. C'est le Rhin qui tient ma vue enchaînée, et avec le Rhin, la flèche du Munster. La flèche! Quel mot impuissant, quoiqu'il ait des ailes, à rendre la légèreté de cette œuvre merveilleuse! Ce n'est pas une flèche; c'est une fusée de pierre, c'est un élan vers le ciel d'une grâce et d'une rapidité incomparables. Pour peu qu'on laisse flotter son regard dans le vague, en contemplant à la fois le Rhin et la flèche de Strasbourg, il se produit une hallucination étrange et charmante. La flèche a l'air de jaillir du fond du Rhin; le Rhin a l'air de la porter flottante, au-dessus de son lit, comme une fleur des eaux. C'est le mariage de la cathédrale et du fleuve. Le Rhin vénérable, *der Vater Rhein*, dit Gœthe, est l'époux doux et fort. Elle est, elle, la fiancée mystique; elle a l'élégance et la coquetterie comme il a la force et la majesté; elle s'élance, toute parée de ses dentelles scintillantes, tandis qu'il s'avance de son pas « tranquille et fier », avec sa beauté virile et négligée. Tous deux également chastes! Tous deux s'adorant d'un amour égal! Tous deux ne faisant qu'un !

Sous l'empire de cette impression, on ne comprend que trop la passion furieuse de posséder exclusivement le Rhin, qui s'empare à intervalles périodiques de la France et de l'Allemagne. Ce fleuve attire d'un attrait invincible ; il exerce une fascination divine et que la nature n'a donnée qu'à lui. Tenez, descendez la Seine du pont de la Concorde à Saint-Cloud ou descendez le Danube de Linz à Vienne. Oh! je ne dis pas que descendre la Seine et descendre le Danube, ce soit tout à fait la même chose. Les collines aimables de Meudon et de Sèvres, en fuyant devant vous, ne vous apporteront pas la succession variée d'images romantiques et héroïques que développe le déroulement grandiose du Danube. Et cependant il est vrai de dire que le Danube n'a guère plus de puissance d'attraction que la Seine. S'il émeut et s'il captive, il n'enlève ni aux yeux ni à l'esprit leur sang-froid. Tout au contraire, le Rhin, si vous avez le malheur de le contempler fixement et de vous laisser saisir par lui, ne vous lâche plus. Vous devenez littéralement sa proie.

Je connais bien un autre fleuve qui donne une sensation analogue, c'est le Rhône, né

dans les mêmes contrées. Il existe certainement un vertige du Rhône comme un vertige
du Rhin, mais combien différent! Avec le
Rhône, ce n'est que le vertige de la terreur,
un vertige qui en quelque sorte vous prévient,
et contre lequel il vous est facile de vous défendre. A peine avez-vous plongé la vue sur
son cours emporté et tourbillonnant, du haut
du pont de la Guillotière ou du haut du pont
de Saint-Esprit, vous vous rejetez en arrière,
partagé entre l'admiration et l'effroi, mais
nullement curieux de continuer cette contemplation redoutable, et vous sentant fort libre
de vous y soustraire. C'est ainsi qu'à l'aspect
de certaines femmes, que l'on rencontre pour
la première fois, avant même qu'on ait eu le
temps de se reconnaître et de s'expliquer le
charme dangereux dont on est tout à coup
atteint, un éblouissement des yeux et un
involontaire serrement de cœur avertit de
prendre garde; et la défiance une fois éveil-
lée, on prend garde en effet assez commo-

dément. Telle est la beauté orageuse du Rhône.

Ce n'est pas justement cette beauté-là qui est celle du Rhin. Ce n'est pas ce vertige foudroyant qu'il fait éprouver ; c'est un vertige autrement périlleux, doux et lent, profond comme le silence, dont on ne s'aperçoit pas et dont on ne voudrait pas se détacher. La légende de l'Ondine qui appelle d'un geste ami le pêcheur assoupi au bord de l'eau et vers laquelle le pêcheur descend avec volupté, a dû être trouvée, aux temps primitifs de la Germanie, par un barde qu'aura saisi le désir de s'abîmer dans le Rhin et qui n'y aura pas résisté. Je me souviens qu'il y a cinq ou six ans, je me rendais de Schaffhouse à Laufen, par l'étroit sentier qu'on a frayé entre la montagne et le Rhin et qui longe celui-ci presque à ras le flot. J'avais à peine fait vingt pas que j'étais enveloppé tout entier du plus bizarre des sentiments. C'était comme une mystérieuse religion des eaux qui m'envahissait. Je concevais l'envie de m'immoler aux divinités du fleuve. Quelque chose me poussait à l'embrasser et à périr dans ce chaste embrassement. Il était là, avec son susurrement austère et sourd, sa bonhomie puissante, son air imposant et familier, et je voyais sa tunique verte qu'il ouvrait comme pour me recevoir dans son sein. Plus je le regardais, et plus il semblait m'attendre avec confiance et me tendre les bras, plus je sentais mes yeux s'égarer, mes jambes fléchir, mon esprit plonger vers ses obscures profondeurs comme vers un suprême asile de force et de paix. Quand j'arrivai à Laufen, sur la hauteur, je respirai, semblable à un homme qui a été victime d'une fantasmagorie terrible et qui recouvre la raison en revoyant la lumière du jour. Un·quart d'heure de plus et je me laissais glisser dans les bras de l'Ondine, ce qui, dans notre siècle positif, équivaut tout uniment à mourir asphyxié par l'eau.

Voilà le vertige, voilà le délire du Rhin. Supposez-le qui s'empare des peuples au lieu

des individus, vous aurez l'explication, poétique et historique, de l'éternelle bataille que
la nature a engagée entre les Gaules et la Germanie. Ils ont fini, nos rivaux héréditaires,
par l'aimer plus passionnément que nous, le
fleuve si longtemps disputé. Tandis que nous
nous sommes endormis dans sa possession,
ils rêvaient de lui à tous les moments de leur
existence. Ils le chantaient au coin de leurs
foyers, dans leurs camps, dans leurs églises,
dans leurs restaurations. Ils le mettaient en
poèmes, en ballades, en cantiques et en chan-
sons à boire. Ils n'avaient pas une pensée
qui ne fût pour la ville merveilleusement belle,
assise au bord de ses eaux. La garde au bord
du Rhin, *die Wacht am Rhein*, était de leur
part vigilante et ardente. Et c'est pourquoi ils
nous ont à la fin ravi et Strasbourg et le
Rhin.

Est-ce pour longtemps, est-ce pour toujours? Qui le peut dire? Mais, sans le Rhin,
il n'y a plus de France.

26.

CHAPITRE XII

A travers l'Alsace.

Conversations d'Alsace.

J'ai quitté Strasbourg. Je n'ai plus sous
les yeux des soldats, des canons, des rem-
parts, des étudiants en écharpes, suivis de
leurs molosses, des palais d'empereur et
d'Université. Je suis bien tranquille à une
dizaine de lieues de là, à Benfeld, si vous
voulez, ou à Barr, à moins que ce ne soit à
Marmoutier ou à Bischwiller; je hume dans
un jardin de brasserie la bière de Grüber
et Reeb, et, n'étant plus distrait comme à
Strasbourg par le violent germanisme extérieur qui roule à travers les rues, je rumine

à mon aise des problèmes de psychologie
ethnique.

Premier problème :

Étant donnée l'incompatibilité qui existe
entre les manières sociales et le tempérament
de l'Allemand d'une part, les manières sociales et le tempérament du Français, dont
l'Alsacien s'est imprégné depuis deux siècles,
d'autre part, — dans combien de temps le
paysan et le bourgeois de l'Alsace, qui, malgré la conquête, sont restés dans leur maison
et sur leur bien, seront-ils résignés à la souveraineté allemande?

Second problème :

Étant donnés les phénomènes et faits sui-
vants : étant donné que l'Alsacien a gardé la
langue de l'Allemand et son régime de vie
(heures des repas, disposition des pièces d'habitation, poêle, aliments, boissons); étant
donnée l'instruction primaire obligatoire, médiocre engin de culture, redoutable instrument d'absorption des esprits et des âmes;

étant donné le service militaire de trois ans, les sociétés de tir et de gymnastique, les *Kriegerverein* (associations de soldats congédiés) auxquels s'affilient déjà dans la Lorraine allemande quelques natifs revenus du régiment; étant donnée la facilité avec laquelle chez les Germains — et l'Alsacien est de race germanique s'il n'est Allemand — le goût militaire s'est toujours satisfait indépendamment de l'esprit national; étant donnée enfin la constante immigration des Allemands en Alsace et l'émigration continue des Alsaciens en France et aux États-Unis, — dans combien de temps l'Alsace sera-t-elle assimilée à ses nouveaux maîtres?

Ces deux questions diffèrent. L'une porte sur les sentiments intimes; l'autre sur les réalités palpables de la politique. A la seconde question, qui est celle qui importe le plus au peuple vainqueur, j'ai peur qu'il ne faille répondre que le plus fort de la besogne est fait et que l'assimilation marchera désormais assez vite. Tout ce qui a maintenant trente ans en Alsace a passé par l'école allemande ou le régiment allemand. A la première question, on peut répondre assurément : jamais. Jamais l'Alsacien n'acceptera de cœur l'Allemagne. Dans cent ans d'ici l'Alsacien d'origine et non mêlé se souviendra encore de la France. Son *Kreisdirector*, son juge de paix, son commissaire de police, son *Oberfœrster*, son commandant de landwehr auront beau avoir tous les mérites : ils lui seront insupportables. Pourquoi? Parce qu'ils ne seront pas la France. C'est un chiendent la France pour l'Alsacien. Serait-ce donc que le dominateur allemand poursuit en Alsace un plan d'oppression systématique? Si vous posez cette question à l'Alsacien, si vous l'interrogez de cette façon directe, il ne tarira pas contre l'Allemand. Ne l'interrogeons pas, écoutons-le parler de lui-même; nous le saisirons ainsi en sa tenue d'esprit réelle, non apprêtée pour l'ancien compatriote français; nous saurons vraiment ce qu'il pense et ce que nous devons penser.

Voici justement quatre personnages importants de la petite ville qui entrent dans le jardin de la brasserie. Je les connais, et vous, lecteur, vous les connaissez aussi bien que moi. Un conteur de génie, un poète profondément poète, Erckmann-Chatrian, vous les a présentés depuis longtemps. Ces quatre personnages sont : le notaire, fils de l'ancien juge de paix, le bourgeois rural et sylvestre, neveu de la tante Gredel, qui a maison au bourg avec deux ou trois fermes dans la montagne, le garde forestier et le juif trafiquant. Le bourgeois propriétaire vient de conclure par l'intermédiaire du juif une affaire, que le notaire a mise sur le papier et dont ils sont tous contents. C'est ce qui explique qu'ils sont réunis à la brasserie, malgré la disparate des conditions, et aussi malgré le préjugé anti-juif, assez puissant en Alsace, et dont le radical, le libéral et le protestant sont encore plus imprégnés que le catholique.

Le notaire dit : « Voilà qui est bon, papa Mathias. La vente et la donation sont en règle.... Hein! la chose s'est faite vite. Les Allemands nous ont accommodé à leur sauce nos lois sur les offices ministériels et sur la forme des actes notariés..... Bah! ils n'ont pas eu tort..... Pourquoi deux notaires?.... Est-ce que moi, officier ministériel, moi seul, je ne suffis pas pour faire foi avec mes écritures?... Le second notaire en la circonstance n'était pas logique.... La nouvelle loi nous en dispense, c'est très raisonnable.... Tout n'est pas si mauvais dans la loi allemande.... Elle a bien abrégé les cérémonies dans nos études. »

Le père Mathias écoutait à peine. Il regardait avec curiosité au dehors, par-dessus le petit mur d'appui du jardin de la brasserie : « *Mein Gott!* s'écria-t-il. Qu'est-ce que Joos, le joueur de clarinette, a donc avec l'autorité!... Là-bas, au coin de la rue.... Le gen-

darme vient de le pincer au passage.... Ils
n'ont pas l'air de s'expliquer en amis. »

Le notaire se pencha et regarda du côté où
l'on apercevait Joos avec le gendarme. Il bêla
un bon gros rire alsacien, qui dura un tiers
de minute. Puis il reprit : « Ah! parbleu,
Joos! sa clarinette! son kirsch! L'animal!...
On lui a fait son affaire le mois dernier au
tribunal des échevins. Le juge de paix lui a
fourré pour quarante-huit heures de prison....
Joos sans doute barguigne à les faire, et le
gendarme aura reçu une commission pour
lui.... Brave Joos, va! Il a eu beau dire aux
échevins : — Je suis un honnête homme; je
n'ai jamais volé un sou à personne, ni trompé
personne, je n'ai jamais eu de batterie....
— Honnête homme, je ne dis pas non! Ce
n'est pas une raison.... Il avait commis aussi
une grossièreté trop forte.... Il ira en prison
quarante-huit heures pour délit d'*Unfug*, ou
il payera l'amende; ça lui apprendra à boire
le kirsch à plein verre et à perdre dans le

kirsch la notion de ce qui convient.... »

Ici je ne pus m'empêcher d'entrer dans la conversation : « Pardon, monsieur le notaire.... *Unfug*, qu'est-ce que cela peut bien être?

— C'est vrai, vous ne pouvez pas savoir...., *Unfug*, c'est tout ce qu'il n'est pas permis décemment de faire.

— Et c'est là toute la définition du délit! Diantre! Avec ce délit-là un juge malveillant ou qui aurait l'esprit de travers peut envoyer toute l'Alsace en prison.

— Oui, observa le notaire, si c'était le juge qui jugeait le fait; mais les juges du fait sont deux habitants notables qui assistent le juge de paix. On les appelle échevins. Si vous aviez à Paris le délit d'*Unfug*, cela vous tirerait bien d'embarras pour purger vos boulevards de certaines gens et de certains tableaux.... Mais il vous faudrait aussi les bourgeois notables.... *Unfug*, ça comprend tout ce qui offense les yeux, les oreilles et les mœurs.

Et deux échevins libres pour décider s'il y a eu *Unfug*, c'est encore la meilleure des définitions. Les Allemands ont quelquefois de bonnes idées. »

Ainsi parla le notaire. Puis il avala son bock, se pourlécha les babouines, reposa méthodiquement le bock sur la table bien vernie, et termina, avec un ton de gravité, par ce vœu subit, qui ne surprit pas ses interlocuteurs, mais que rien jusque-là n'annonçait :

« J'en ai par-dessus les épaules de leurs améliorations.... S'ils pouvaient retourner d'où ils viennent! Quand ils nous débarrasseront d'eux, tenez, nous mangerons une bonne tarte aux quetsch. »

Le propriétaire rural prit la parole et dit :

« Sacrés cochons d'Allemands!... »

A la bonne heure, pensais-je, celui-ci entre rondement en matière.

« .... Sacrés cochons d'Allemands! Ils nous ont tout de même envoyé de Paderborn un excellent juge de paix.... On ne peut rien dire contre M. le juge de paix.... Un jeune homme bien savant! Toujours au travail!... Et juste!... Le voisin Kleeb, depuis qu'il a passé par ses mains, n'emmanche pas large. Est-ce que ce pied plat de Kleeb, qui est toujours à lécher les bottes du *Kreisdirector*, quand le *Kreisdirector* fait sa tournée, ne m'a pas cherché une chicane sur mes limites, où le diable ne comprendrait rien, si ce n'est que Kleeb aurait bien envie de la demi-douzaine de beaux hêtres qui sont au coin de ma prairie du Meisenthal. Quand j'ai reçu la citation, je me suis dit : Mathias, mon ami, ton affaire est claire. Tu votes pour le candidat de la protestation et tu ne t'en caches pas. Kleeb vote pour le candidat autonomiste, en ayant soin qu'on le sache. M. le juge de paix n'est pas venu de Westphalie pour faire gagner leurs procès aux protestationnistes. Il sera contre toi, Mathias, et Kleeb aura tes hêtres.

— Leur grand Fritz, interrompit le juif sentencieusement, suivait autrefois ce système en Silésie. Dans les procès de biens-fonds, c'était toujours le plaideur affecté de sentiments autrichiens dont l'affaire était mauvaise. J'ai lu cela quelque part.

— Notre juge de paix n'est pas pour cette méthode, quoique Westphalien. Il a mandé Kleeb dans son cabinet, après avoir consulté le plan cadastral. Il est ensuite venu sur les lieux. Il est allé aux bornes. Il a étendu sa canne dans la direction d'une borne à l'autre, en fermant l'œil droit, comme pour viser un lièvre, et il a dit à mon intrigant d'autonomiste : « Et vous prétendez, monsieur Kleeb, que les hêtres sont sur votre pré ? » Il l'a alors bousculé de questions tant et tant qu'il lui a fait boire sa mauvaise foi jusqu'à la dernière goutte. Voilà ce qui s'appelle un juge de paix. Ça fait plaisir qu'au moins le juge de paix soit comme ça. »

Et le propriétaire rural, revenant en sa péroraison sur le principal motif de son exorde, ainsi que cela est conforme aux meilleurs préceptes de la rhétorique, termina comme il avait commencé. Il donna un fort coup de poing sur la table bien vernie, et s'écria : « Sacrés cochons d'Allemands ! »

— Et vous, camarade forestier, intervint le juif, que dites-vous ? Ne les défendrez-vous pas ? Vous arrivez du régiment ; vous les connaissez ?

— Ma foi, dit le forestier, au bataillon de *Jæger*, à Greifswald, je me trouvais un peu loin de Bischwiller. Mais si vous me demandez mon avis en tant qu'Alsacien, on ne m'y a pas traité plus mal que si j'avais été de Poméranie comme les autres.

— Mais, dis-je, la discipline n'est-elle donc pas, dans le régiment prussien, d'une rudesse intolérable ? Je l'ai toujours entendu dire.

— C'est selon, répliqua le forestier ; on est strict sur le service, oui.... on n'a pourtant pas fait exprès de me chagriner.... On n'est pas trop malheureux au régiment, pourvu qu'on reçoive de temps à un autre un jambon du père et de la mère, et qu'on ne soit pas maladroit.

— Pas maladroit! Ah! ah! Qu'est-ce que cela veut dire? interrompit le juif.

— Je veux dire qu'il ne faut pas être maladroit.... Si, au tir, on doit mettre six balles dans le mannequin, et si seulement on n'en met que cinq, le capitaine devient méchant, et encore plus le *feldwebel*.... Et puis, voyez-vous, au régiment, il faut être bien avec le *feldwebel*.... Absolument.... Il le faut.... Je savais le moyen.

— Ah! ricana le juif, il n'est pas difficile de deviner la recette. Le *feldwebel* mange la moitié du jambon envoyé par papa et maman, quand il ne le prend pas tout entier.

— Je n'ai pas dit cela, s'écria le forestier. Je dis qu'il faut être bien avec le *feldwebel*, voilà tout. »

Et, ce disant, il clignait des yeux de mon côté d'un certain petit air. Mais il ne donnait pas d'explication, et on n'aurait pu en tirer rien de plus.

Le juif parla le dernier. C'est lui dont j'étais le plus curieux de connaître le fond de pensée. L'histoire a fait de sa race un peuple errant et cosmopolite. Quel que soit le pays où le juif réside, il reconnaît, comme elles sont, les souverainetés établies, et pourvu qu'elles ne le tracassent pas trop lui-même, il ne recherche pas d'ordinaire leur origine et il ne conteste pas leur droit. Je me souviens des israélites de l'Autriche-Hongrie, quand je visitai Vienne et Pest, en 1861, à un moment de conflit aigu entre la Hongrie et l'Autriche. On n'en aurait pas trouvé un seul à Vienne qui ne professât comme un dogme l'unité indivisible de l'empire d'Autriche; on n'en aurait pas découvert un seul, à Pest, qui ne fût fanatique du droit féodal transmis de la Couronne de Saint-Étienne, et plus entêté sur les prérogatives des Comtes et des Comitats, que tous les magnats ensemble. J'inclinais donc à supposer que les juifs d'Alsace auraient été les premiers à s'accommoder du changement de souveraineté accompli en 1870, d'autant qu'Israël et le paysan alsacien n'ont jamais été très cousins. Je m'attendais à ce que dans le *Biergarten* de la petite ville des Vosges, le juif, entonnant à son tour l'apologie de « Monsieur le juge de paix », et de « Monsieur le *Kreisdirector* », plaidât sans fard les circonstance atténuantes en faveur de la conquête. J'étais loin de compte. Le juif regarda prudemment autour de lui et, baissant la voix, il s'exprima de la sorte :

« Et moi, je les hais ! ils ont augmenté les appointements de notre rabbi, comme ceux de l'instituteur, du curé et du pasteur. Oh ! ils sont habiles, et ils font tout ce qu'ils peuvent pour séduire et mettre de leur côté les chefs de file du peuple alsacien. Mais, moi, ils ne me payent pas comme mon rabbi, qui tâche à m'enjôler. Je ne me ferai jamais à eux. Vive la France ! Vous m'amusez, monsieur Mathias, avec la justice du juge de paix. C'est une politique qu'ils ont pour nous amadouer. Il ne leur manquerait plus que de n'être pas justes. Depuis que les Souabes, envieux, ont bombardé Strasbourg et y sont entrés, tout va mal chez nous. Mes champs de tabac n'ont plus de valeur ; ma vigne de Molsheim me ruine. L'Alsacien s'en va en France, et il emporte des capitaux ; l'Allemand arrive à sa place et il n'apporte rien que de vieilles nippes. Aucune affaire ne marche ; et les affaires, moi, j'aime que cela aille…. Mais quelles affaires voulez-vous qu'on fasse avec ces mangeurs de pain de seigle, qui ne connaissent que leur seigle et la chope à deux sous !… J'ai trimé longtemps ; j'ai maintenant du bien ; je voudrais faire quelque chose de mes fils…. Comment ?… Si mon fils cadet, qui est toujours dans les livres, travaillait pour être professeur à l'Université de Strasbourg ou de Heidelberg, quand même il aurait toute la science du monde, les professeurs refuseraient de voter pour lui ; le

Rector magnificus et le curateur diraient : « On ne peut pas, c'est un sémite. » Quel baragouin ! Sémite ! Leurs philologues ont inventé ce grimoire. Je vous demande si, du temps de France, on entendait parler de philologue et de sémite. Tous Français, en France! Tous également de la société quand on était bien élevé…. Les Prussiens n'ont pas un seul juif officier dans l'armée active. Vous seriez le fils de Bleichroeder en personne…. Est-ce que le *Bezirks-Président* de la Basse-Alsace ne nous a pas retranché la subvention que le département avait toujours donnée à notre orphelinat de Strasbourg? Il nous a dit : « Pourquoi le gouvernement allemand payerait-il les frais d'apprentissage de vos orphelins? ils n'ont pas plutôt seize ans qu'ils laissent l'Alsace, pour aller travailler à Nancy, à Épinal, à Paris. » Eh bien! après?…. Ces jeunes gens font bien de s'en aller…. A Paris le juif est l'égal de tout le monde.

— Aucuns disent même, fit le notaire, en

accompagnant sa remarque d'un nouvel accès de rire épique à l'alsacienne, aucuns disent qu'à Paris le chrétien commence à avoir bien de la peine à se maintenir l'égal du juif.... Lisbeth, encore un bock. »

Les personnages que je mets en scène ont été pris au hasard. J'ai placé dans leur bouche une conversation symbolique, rédaction abrégée de centaines de conversations semblables qui se tiennent tous les jours à la brasserie, à la *restauration*, à la promenade, dans les comptoirs et les bureaux de banque. Je m'en suis fait le rapporteur aussi exact et aussi complet que possible et non l'apologiste ou le critique. Interrogez l'avoué plaidant, le médecin, l'homme de cabinet, le volontaire d'un an, l'excursionniste, type répandu en Alsace. Ce sera toujours la même chose. L'excursionniste se louera des complaisances qu'a pour lui le chemin de fer *Elsass-Lothringen;* l'avoué plaidant vous parlera de l'indépendance des magistrats; le volontaire d'un an vous dira

qu'à son arrivée au corps la première recom-
mandation expresse que lui a faite le colonel,
c'est de ne point se laisser maltraiter ou in-
vectiver par les chefs, sans porter plainte aussitôt, etc., etc. Mais, après qu'ils auront parlé
une heure sans articuler de méfait précis à la
charge de l'administration allemande, ils
concluront tous de même façon que le père
Mathias concluait tout à l'heure son éloge
bien senti des juges de paix de Westphalie.
L'épithète sommaire appliquée aux Allemands
sera tantôt plus brutale, et tantôt plus voilée ;
elle trahira toujours la même antipathie radicale à l'endroit de l'Allemagne et surtout des
Prussiens. L'Alsace n'a réellement qu'un
grief, mais énorme, et sur lequel on ne peut
pas la satisfaire : elle a été française ; elle ne
veut pas être allemande. Posé de la sorte, le
conflit reste insoluble et inconciliable.

Gouvernement d'Alsace. — Les *Kreisdirector*.

En Alsace comme en Hesse, je ne suis qu'un Français en voyage; je recueille des impressions; je m'arrête sur celles qui doivent le plus intéresser les Français qui me liront. Je ne juge pas un système de gouvernement et de conquête. Si je le jugeais, j'aurais probablement à distinguer la politique allemande en Alsace et l'administration allemande. Ce que je peux voir en voyageant et en passant, c'est l'administration et sa suite quotidienne. Je ne remarque pas que l'on ait soumis les Alsaciens pour le cours habituel des choses à un système spécial de vexations. On leur fait payer grassement les fonctionnaires qu'on leur envoie; on leur en fait payer un trop grand nombre; on exige qu'ils acquittent sur le budget de l'Alsace la totalité des pensions de retraite pour des agents qui sont retraités au moment de leur séjour dans le pays, mais dont la carrière s'est faite pour la plus forte part ailleurs. Ainsi, ils soldent de leur bourse non seulement les services rendus en Alsace, mais encore les services rendus n'importe où, en Prusse, en Saxe, en Bavière. Ils le trouvent mauvais, et ils ont raison. Mais que ces fonctionnaires, dans le ménage de tous les jours, aient des instructions plus féroces à appliquer en Alsace que celles qu'ils appliquaient dans la province rhénane ou le Wurtemberg dont ils arrivent, c'est ce qu'il serait difficile de soutenir lorsqu'on n'a sous les yeux que le train habituel des choses. Il y a des moments de tension et des accès de rigueur excessive; ce ne sont que des moments et des accès.

L'administration prussienne est ici ce qu'elle est partout: vigilante et exacte dans l'application des règles, mais non tracassière. Elle s'instruit de tout; elle n'est pas ordinairement inquisitoriale. Rien de plus raide que l'administration prussienne, ni qui cependant à l'occasion se plie davantage aux besoins légitimes de chacun et à la nécessité des circonstances;

et elle se plie plus volontiers encore en Alsace qu'ailleurs, sauf sur un unique point, le point capital il est vrai, celui de la souveraineté germanique. Sur ce point tout discernement l'abandonne ; elle a procédé là-dessus brutalement bien avant le traité de Francfort. Dès août 1870, quand les batailles de Metz n'étaient pas encore livrées, l'Allemagne constituait le gouvernement de l'Alsace-Lorraine. Elle mettait un gouverneur général à Haguenau. Dès le 21 septembre elle instaurait par ses ordonnances scolaires la guerre à la langue française, qu'elle n'a cessé de poursuivre depuis lors, sans mesure, sans ménagement, sans bon sens ; on enseigne plus de français maintenant dans les gymnases de Breslau qu'au lycée de Strasbourg. Le point capital excepté, l'Allemagne s'est attachée à ne changer brusquement aucune habitude. Elle transforme l'Alsace, mais avec lenteur et sans secousse. Pendant les premières années de la conquête, elle ne touchait à rien ; aujourd'hui encore, après quinze ans, elle a l'air de ne toucher à rien, quand il n'est pas nécessaire pour le point capital, pour la stricte observation des droits conférés à l'empereur allemand par le traité de Francfort. Elle n'a pas bouleversé les lois de l'Alsace, elle ne lui a pas imposé les siennes du soir au matin. Elle a commencé par maintenir en bloc la législation française pour la réformer ensuite graduellement, article par article. Le travail de réformation est si discret, ceux qui sont chargés de le mener à bien avancent d'un pas si sage, qu'on ne s'aperçoit pas qu'ils marchent. Il résulte de tout cela un effet moral singulier.

La petite ville où nous venons d'écouter l'entretien du notaire et de ses clients n'a pas plus de cinq mille âmes. Elle n'a ni Université, ni garnison, ni gymnase, ni *proréal gymnasium*, ni école supérieure de filles. Il n'est encore venu s'y établir aucun Allemand notable. Quoiqu'elle ne soit pas à plus de dix lieues de Strasbourg, où l'Allemagne édifie les monuments de sa perpétuité, je ne m'y sens pas en pays de domination allemande. La moitié ou le tiers des petits fonctionnaires, gendarmes, forestiers, employés de la gare, est Alsacien. Le directeur des écoles primaires est Alsacien. Le clergé tant catholique que protestant est Alsacien. Le jour, chacun fait son métier. Le soir, à la brasserie, on parle français, on glose du Prussien et on espère. Voilà toutes les petites villes d'Alsace en une seule. Je n'entends pas les politiciens de la localité parler des lois de Mai et du Culturkampf. Cette bête-là est inconnue en Alsace. Je les entends parler du Concordat et de la loi de 1855 sur la nomination des maires. Quand le journal alsacien du chef-lieu sera supprimé, ce qui ne peut manquer de lui arriver, vu qu'il a une certaine manière de parler des victoires de la marine française en Chine, qui n'est pas orthodoxe, ce sera en vertu du même article 9, paragraphe 4 de la loi sur l'état de siège en date du 9 août 1849 par le moyen duquel le gouvernement du général Trochu, celui de Thiers et celui du maréchal de Mac-Mahon régissaient naguère ou croyaient régir la presse française. Si demain l'on expulse un optant qui sera venu passer son été en Alsace, le commissaire très poli, qui lui signifiera en personne l'arrêté d'expulsion, ne manquera pas de lui faire remarquer qu'on lui applique l'article 7 de la loi française du 3 décembre 1849, toujours en vigueur. Une forte partie de la législation civile et administrative de l'Alsace lui est restée commune avec la France; langue allemande à part, je pourrais me croire ici à Etain ou à Raon-l'Etape.

Une seule habitude m'est nouvelle chez les petites et moyennes gens d'Alsace; une seule habitude n'est pas française, ils ne parlent presque jamais de leur préfet (*Bezirks-President*). Quand ils s'entretiennent entre eux de leurs affaires, de celles de leur canton, de celles de l'Alsace, les deux mots qui reviennent

le plus souvent sur leurs lèvres, c'est le mot de
Statthalter et celui de *Kreisdirector*, surtout
ce dernier. Le *Statthalter* est le gouverneur
général de l'Alsace-Lorraine; le terme de
Kreisdirector (directeur de cercle) désigne le
grade, qui dans la hiérarchie administrative
correspond à celui de sous-préfet en France.
En comptant combien de fois en un jour l'Alsacien des classes moyennes dit : le *Statthalter*
et le *Kreisdirector*, on s'assure que le *Statthalter* en haut de l'échelle, le *Kreisdirector* en
bas exercent l'action réelle de l'autorité, et
que l'intermédiaire, le magistrat, si puissant
en France, que nous appelons préfet, n'a
d'autre valeur en Alsace que celle d'un rouage
secondaire. C'est là un trait original du gouvernement allemand.

Les Allemands nous ont enlevé par le traité
de Francfort la valeur de trois départements :
Haut-Rhin, Bas-Rhin, partie de la Moselle et
partie de la Meurthe. Ils ont maintenu trois
départements avec chacun son préfet, *Bezirks-*

Président, sous les noms de département de Haute-Alsace, de Basse-Alsace et de Lorraine. On pourrait donc croire au premier abord que le système administratif continue de marcher comme devant. On se tromperait; il a subi une révolution profonde qui consiste en ce que le *Kreisdirector* y tient le grand emploi. Le sous-préfet chez nous n'a pour ainsi dire point de pouvoir propre; il n'est rien; c'est un simple agent de transmission du préfet aux maires d'arrondissement et des maires d'arrondissement au préfet; c'est aussi plus souvent un rouage à ralentir les affaires qu'à les expédier. Le *Kreisdirector*, dans le département alsacien, est tout; c'est un agent de décision et d'exécution; c'est le rouage moteur. Il a la fonction d'un maire général, d'un *Oberburgermeister* des communes situées sur le territoire de sa juridiction. Il y active et y surveille tout. Aussi ce territoire est-il plus limité qu'il n'était du temps de France. Le *Kreis* d'Alsace-Lorraine comprend en général quatre cantons, rarement cinq, jamais plus de cinq. Ce que nous avons cédé à l'Allemagne des deux départements de la Moselle et de la Meurthe formait chez nous cinq arrondissements et forme aujourd'hui huit cercles. Le Haut-Rhin, non compris Belfort, et le Bas-Rhin étaient divisés en six sous-préfectures ; ils comptent aujourd'hui quatorze cercles. Ainsi l'Allemagne n'a pas supprimé les sous-préfets ; elle en a doublé le nombre ; où nous n'en avions pas plus de onze, elle en a mis vingt-deux ; l'énorme considération dont jouit le *Kreisdirector* en Alsace prouve qu'elle a eu raison.

Le *Kreisdirector* est aussi mobile qu'agissant. Le budget d'Alsace-Lorraine fournit à chaque *Kreisdirector* une somme de 3000 marks (3750 fr.) pour l'entretien d'une voiture ; mais le *Kreisdirector*, de son côté, est obligé de dépenser réellement la somme en frais de transport. La voiture, qu'il est tenu de se procurer, n'est pas un char d'apparat : calèche,

victoria, élégant tilbury; c'est quelque chose
de solide et de sérieux, une sorte de berline
de voyage, traînée par deux robustes chevaux,
qui sont appropriés aux routes de montagne
et aux chemins bourbeux. Avec sa voiture il
visite incessamment les chefs-lieux de canton
et les principales communes du *Kreis*. Il s'y
assure *de visu* de l'exécution des lois et règlements, de la bonne administration de la commune, de la bonne tenue des écoles, de leur
exacte fréquentation; son territoire de juridiction étant restreint, il y peut connaître tout
sur le bout des doigts, les hommes comme les
choses. Ce personnage si avantagé n'est d'ailleurs pas avantageux. C'est un homme tout
rond. Il n'est pas chamarré d'argent des pieds
à la tête, chose qui impose moins aux audacieux et aux forts qu'elle n'intimide les petits
et les faibles. Sa grande loi est d'être acces-
sible. Son cabinet au chef-lieu du *Kreis* est
ouvert à tout venant. Il reçoit tout un chacun
comme il se présente et il l'écoute parler quel

qu'il soit ; il arrange, séance tenante, toutes les affaires arrangeables qu'on peut avoir avec l'autorité centrale ; il est ensuite d'autant plus strict sur la loi, d'autant plus prêt pour la maintenir. Le *Kreis* est une sorte d'association idéale où il est en un certain sens l'économe et le procureur de tous et de chacun. Vous sentez ce qu'il acquiert ainsi de notions de toutes sortes sur chaque propriété, sur chaque famille, ce qu'il a de force pour le service de l'empereur et de l'Allemagne.

On l'estime pour sa sollicitude ; on le respecte pour sa vigilance ; on en parle quelquefois avec éloge, et cependant on lui fait autant qu'on peut la vie difficile. Lorsque des conflits s'élèvent, ce n'est peut-être tout à fait sa faute qu'une fois sur dix ou sur cinq. Mais combien c'est alors sa faute ou celle des instructions qu'il reçoit du ministère d'Alsace-Lorraine, à Strasbourg ! En un jour, les fonctionnaires allemands ont l'art de perdre par un seul acte de balourdise violente tout le terrain qu'ils semblaient avoir gagné par des semaines et des mois d'administration équitable et éclairée. Il y a une certaine subtilité de l'intelligence, le tact, et une certaine subtilité du cœur, la délicatesse, qu'on ne peut ranger au nombre des qualités de l'Allemand. Cette lacune ne se fait que trop sentir dans l'administration de l'Alsace. Chaque fois, notamment, que se produit une circonstance, petite ou grande, par laquelle paraît mis en question le droit de l'Allemagne sur l'Alsace, le fonctionnaire allemand, depuis le plus mince jusqu'au plus important, perd tout sentiment des proportions et des nuances. L'horizon intellectuel et politique du *Statthalter* à Strasbourg et même de plus haut que lui à Berlin, ne paraît pas alors plus étendu que celui du *Kreisdirector* de Boulay ou du commissaire de police de Benfeld. On abîme tout pour une bagatelle. On oublie qu'un coup de violence, pour exciter une terreur salutaire, doit être à propos et que ce qui est maladroit

ne fait pas peur. Il ne sied pas à un voyageur
de conter des histoires trop douloureuses, et
je n'en conterai pas. Pour marquer ce que
j'entends par le manque de tact et de délicatesse, je ne veux citer qu'un trait amusant. Il
y a environ dix ans, à X***, dans l'arrière-
salle d'une brasserie, se réunissaient chaque
soir une vingtaine de notables de l'endroit,
formant cercle entre eux ; on jouait le bésigue
et le billard ; on lisait la gazette ; on buvait du
kirsch et des bocks, et entre temps on daubait
un peu sur le conquérant ; cela ne lui faisait
pas grand mal. Le cercle fut dissous à cause
de son mauvais esprit. Très bien. Quand le
Kreisdirector vint faire sa tournée à X***, il
manda celui des membres du cercle qu'il sup-
posait le plus raisonnable ; il convint avec lui
que la dissolution du cercle avait été un acte
un peu vif, que lui, *Kreisdirector*, avait ré-
fléchi et fait des propositions en haut lieu ;
que le président supérieur d'Alsace-Lorraine
(c'était sous l'administration de M. de Mœl-

ler), désirant être agréable aux notables de X***, consentait à la réouverture de leur cercle; mais à une condition.... Quelle condition?... Mettez ici tous les adjectifs stupéfiants de Mme de Sévigné, et ajoutez-en une vingtaine d'autres. La condition, c'était que le commissaire de police cantonal serait, d'office, membre du cercle. Vous jugez de l'effet avec le tour d'esprit français et nos mœurs sociales dont l'Alsacien est tout pénétré. Aucun trait plus que celui-là ne pourrait faire ressortir l'incompatibilité absolue entre l'Alsacien et la domination allemande. Jamais; non, jamais!...

J'avais déjà dit tout à l'heure : « Jamais », et voilà que je le répète. Mais jamais est-il un mot de la politique et de l'histoire? Sur le point de quitter l'Alsace, j'ai eu un dernier entretien que je ne puis m'empêcher de rapporter.

Dernier entretien en Alsace.

J'étais allé faire une promenade dans le grand-duché de Bade. Le matin, j'avais pris le train à Fribourg pour gagner par Brisach la station frontière de Montreux, sur la ligne de Bâle à Paris. Un peu avant Dannemarie, avant-dernière station sur le sol alsacien-lorrain, un léger frisson de fièvre me saisit. Ce m'est un accident de voyage assez fréquent. Une tasse de thé bien chaud avec un peu de rhum, et je suis quitte. Je me résignai donc à descendre à Dannemarie et j'entrai à l'auberge située près de la gare, pour y prendre le thé en attendant le train suivant. C'était l'après-midi. Le soleil dardait. Un vieil homme à l'ombre d'un platane sciait des troncs d'arbres. De temps à autre, il quittait la scie pour fendre le bois. La hache pesait à son bras. Il poussait à chaque coup un : ah! pénible ; car il avait bien dépassé soixante-cinq ans. Tout dans son air, tout dans sa personne respirait la soumission triste à la vie et le contentement de peu.

« Eh ! mon brave, lui criai-je, vous avez bien de la peine.

— Oh ! ce n'est pas la peine qui manque ; vous êtes de Paris à ce que je vois.

— J'en suis, et j'y retourne.

— Comment ça marche-t-il en France ? Paris fait-il toujours du tapage ?... A propos, et le duc d'Aumale ! C'est toujours lui qui commande à Besançon, n'est-ce pas ? Viendra-t-il bientôt à Belfort ?

— Mais non, dis-je, le duc d'Aumale n'est plus à Besançon. On l'a destitué. Est-ce qu'à Dannemarie on ne sait pas mieux ce qui se passe à Belfort et à Besançon ?

— Ah ! on l'a destitué ! (Et le vieux soupira.) Tout change donc toujours en France !... Enfin, il est destitué ! C'est que j'ai fait campagne sous ses ordres en Afrique. Il était mon colonel.

— Ah ! vous étiez du 17e léger. Topez là, vous êtes un vieux soldat de Louis-Philippe.

Voulez-vous me faire le plaisir d'accepter un verre de rhum ?

— Ce n'est pas de refus.... Je me rappellerai toujours la belle entrée qu'on a faite à Paris au 17ᵉ léger en 1841, quand nous sommes revenus d'Afrique. Les camarades de la garnison de Paris nous ont fameusement régalés.... Beau régiment et beau colonel !... Ainsi le duc d'Aumale ne commande plus à Besançon. C'est dommage !... Philippe était un roi pour les mères.... Je ne me doutais pas en ce temps-là que je mourrais Allemand. »

Le mot critique était arrivé sur les lèvres du vieux. Je le saisis au vol, et je crus pouvoir cette fois faire mes questions à brûle-pourpoint :

« Et comment cela vous va-t-il avec les Allemands ?

— Peuh ! dit le vieux ; je touche à mes soixante-dix ans ; je gagne mon morceau de pain comme auparavant en travaillant à l'heure et en bricolant dans les fermes et dans cette auberge; je vais bientôt mourir... Quel mal pourraient me faire les Allemands? Et quand ce seraient les Bédouins eux-mêmes, quel mal me feraient-ils ? »

Il me regarda alors d'un regard cauteleux, mais droit dans mes yeux pour chercher à deviner s'il pouvait se fier à moi, et il continua : « Les Allemands, après tout, je n'en dis pas de mal... Cela vous étonne peut-être... Que voulez-vous? Quand on nous a dit que Dannemarie devenait prussien, d'abord, je ne l'ai pas cru. Puis j'ai eu bien du chagrin pour beaucoup de causes; principalement par rapport à mes deux fils. Ils étaient dans l'armée française. Ils s'étaient battus à Wœrth et à Beaumont. On les avait amenés prisonniers tout là-bas, en Silésie. Rentrés chez nous, que deviendraient-ils avec les Prussiens? Eh bien!...

— Eh bien? fis-je.

— Eh bien, ça n'a pas tourné comme je craignais. »

Et le visage du bon fendeur de bois s'illumina d'un doux sourire sénile.

« Mes deux fils ont ce qu'il leur faut... On a exempté du service militaire allemand tous les Alsaciens-Lorrains qui avaient servi dans l'armée française... Mes deux fils avaient bien profité dans le temps à l'école. Ils mettent l'orthographe en français et en allemand. Ils savent leurs règles de calcul. Les Allemands ont donné à mon aîné un emploi bien payé dans les douanes. Mon cadet a ensuite attrapé une meilleure place encore dans les postes, une très belle place; et avec sa belle place, ensuite, voulant se marier, il a *attrapé* une belle femme, une fille des environs de Ribeauvillé, qui a du vignoble.... Je ne puis pas dire le contraire; mes deux fils sont heureux; leur père mourra content. Pauvre France! » Et levant son verre : « Allons, dit-il, à la France et à mon ancien colonel! »

Je trinquai avec lui de bon cœur pour le

premier toast; je n'eus pas le courage de me récuser sur le second.

Le train que j'attendais en devisant arrivait en gare. La locomotive siffla. Je jetai un dernier adieu à cette apparition du lointain 17e léger. Tandis que le train m'emportait vers Belfort je pensais aux paroles du fendeur de bois, et je me rappelais une aventure de la captivité de saint Louis en Egypte que conte Joinville. Un jour, Joinville vit un Sarrasin qui aborda le roi et lui parla dans le plus pur dialecte champenois. C'était là de quoi émerveiller Joinville que tout émerveille. Le mot de l'énigme était cependant des plus simples. Le Sarrasin parlait champenois naturellement, vu qu'il était de Provins. Il était venu en Egypte lors d'une précédente croisade et il y était resté. Il n'avait pas déplu aux Mamelouks; il avait acquis du bien; il avait épousé une Sarrasine; il était devenu *grans riches home*. Charmé de rencontrer un compatriote sous l'habit musulman, Joinville, tout chaud, tout bouillant, l'exhorta à revenir avec lui au pays. A son grand scandale, le Sarrasin refusa net. En Champagne, il avait été « pauvre » et probablement serf; chez les Mamelouks, il n'avait pas de seigneur, et il ne payait pas de droits féodaux. Il possédait les trois biens réels de ce monde : une bonne femme, un domaine qui prospérait, et la liberté de sa personne. Il jugeait par conséquent que Dieu est grand, et il n'était pas éloigné d'admettre que Mahomet est son prophète. Le cas du Sarrasin de Joinville n'est-il pas analogue à celui de mon interlocuteur de Dannemarie? A six cents ans de distance, l'histoire, courant sa course, a affecté de la même façon l'âme de l'ancien soldat de l'armée d'Afrique, qui m'a dit naïvement son sort près des Allemands, et celle du Sarrasin champenois, rencontré par Joinville sur les bords du Nil.

« Qu'est-ce que vous appelez fatalité, vous autres poètes, disait Napoléon à Gœthe, dans le célèbre entretien de Weimar? *La fatalité, c'est la politique.* » Grand mot ! Il ne suppose pas moins de force de réflexion et de génie chez celui qui l'a conçu, que le plan de campagne d'Ulm ou l'appropriation pour près d'un siècle à la France révolutionnaire de l'organisme administratif créé et dressé par les rois de France.

Belfort.

Belfort, Belfort !... Taratata, taratata ! Rataplan, plan, plan ! Tambours, cloches et trompettes ! C'est dans les rues un mouvement, un tapage, une alacrité, une trépidation, un pétillement de pantalons rouges !... L'étroite forteresse me paraîtrait bien morne, bien froide, bien étouffée si j'arrivais de la Canebière, des Fossés de l'Intendance ou simplement du boulevard des Capucines. Mais j'arrive de Coblentz, et c'est aujourd'hui marché et foire à Belfort. Quelle vie ! Quel déhanchement ! Quel bruissement de tout ! Je me fais l'effet d'un mille-pattes qui, s'étant endormi dans l'épais feuillage d'un chêne massif, tombe tout à coup et s'éveille au beau milieu d'une haie d'aubépines, en plein vol d'alouettes.

De l'alouette gauloise, de l'aigle prussienne, du léopard anglais, qui règnera sur les continents et sur les mers ? Hélas, ce n'est presque plus une question. Le léopard a la mer, et l'aigle de Prusse aura le continent. Il ne restera à la pauvre alouette que sa chanson. Mais va, pauvre alouette, tu seras bien vengée ; car le monde était autrement gai sous tes auspices, qu'il ne le sera avec l'aigle et le léopard.

FIN

TABLE DES MATIÈRES

FIN DE LA TABLE DES MATIÈRES

14095. — IMPRIMERIE A. LAHURE

rue de Fleurus, 9, à Paris

www.ingramcontent.com/pod-product-compliance
Ingram Content Group UK Ltd.
Pitfield, Milton Keynes, MK11 3LW, UK
UKHW021505090726
13657UKWH00001B/51